AF372474

Aprenda violão
Método ads
Voume 1

Aprenda violão
Método ads

Volume 1

Ailton Donizetti Silva

São José dos Campos

ano 2022

Dados Internacionais de Catalogação na Publicação (CIP)

(Câmara Brasileira do Livro, SP, Brasil)

Silva, Ailton Donizetti
    Aprenda violão : método ads : volume 1 / Ailton Donizetti Silva. -- São José dos Campos, SP : Ed. do Autor, 2022.

    ISBN 978-65-00-51688-3

    1. Violão - Estudo e ensino I. Título.

22-125302
    CDD-787.8707

Índices para catálogo sistemático:

1. Violão : Estudo e ensino : Música   787.8707

Aline Graziele Benitez - Bibliotecária - CRB-1/3129

Contato: ailtondonizetti@gmail.com

Para

Fabiana Julia O. Silva (filha)

e

Em memória de

Sebastião Dutra do Nascimento

e

Jorge Motta

saudades

ÍNDICE

CONTEÚDO

Introdução... 9

Partes do violão - nomenclatura.......................... 10

Como funciona o método................................... 11-14

Os graus das escalas..................................... 15-17

Como apoiar o braço do violão - fotos.................... 18

Como executar os primeiros acordes - fotos............ 19, 20

Mão direita - o rítmo.................................... 21-23

Acordes maiores e menores................................ 24-47

Acordes maiores com 7ª menor............................. 48-53

Acordes menores com 7ª menor............................. 53-56

Encadeamento de acordes.................................. 57,58

INTRODUÇÃO

Este é o seu método para aprender a tocar violão; ele vai auxiliá-lo nessa empreitada. Pode ser usado também para aprender guitarra já que os dois instrumentos são baseados no mesmo princípio.

É possível aprender a tocar de forma autodidática usando um método; eu mesmo, quando comecei, ainda adolescente, estudei em um parecido; nunca tive aula ao vivo com um professor; fui aprimorando, tocando com pessoas que sabiam (ou sabem) muito.

Se você quiser mesmo aprender e se empenhar, você também consegue. Conheço grandes violonistas e guitarristas que, assim como eu, aprenderam usando um método para violão. Mas, saiba, não se aprende da noite para o dia; é preciso paciência e dedicação.

Este método não foi feito para substituir um professor de música; mas sim, para ajudar e facilitar o estudo do violão e da guitarra.

Então bora lá estudar...

Você tem um violão, certo? Não? Então bora correr para a loja mais próxima para comprar um, por que sem o instrumento é impossível aprender. Não precisa comprar um muito caro a princípio; compre um baratinho mesmo; só para começar a estudar; esse é meu conselho.

Vamos começar estudando o violão fisicamente:

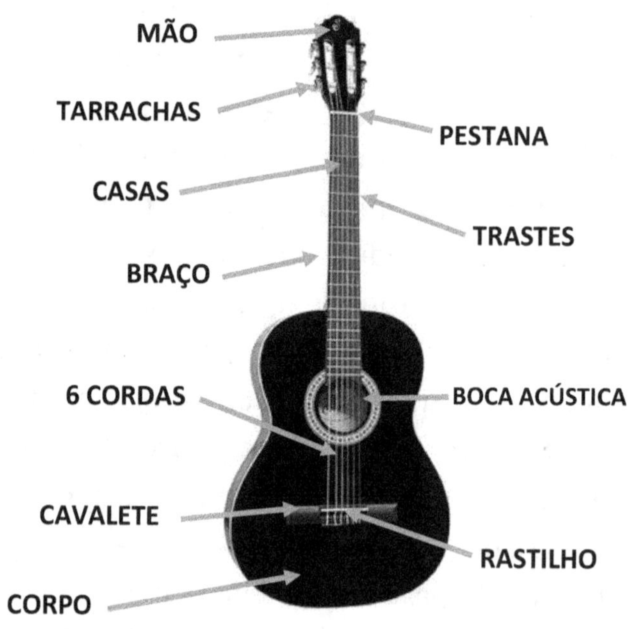

Só para você conhecer as partes principais do instrumento que está estudando.

Antes de continuarmos, preciso destacar algumas partes importantes:

As tarraxas são para afinar o violão.

As casas é onde pressionamos as cordas. Deve-se pressioná-las bem no meio das casas.

Antes de começarmos a estudar os acordes dos tons, você precisa saber **COMO FUNCIONA ESTE MÉTODO**; procure decorar as diretrizes que norteiam o estudo.

Para começar, dê uma olhada na figura abaixo; é um braço de violão (ou guitarra); observe a nomenclatura numérica; isso é importante.

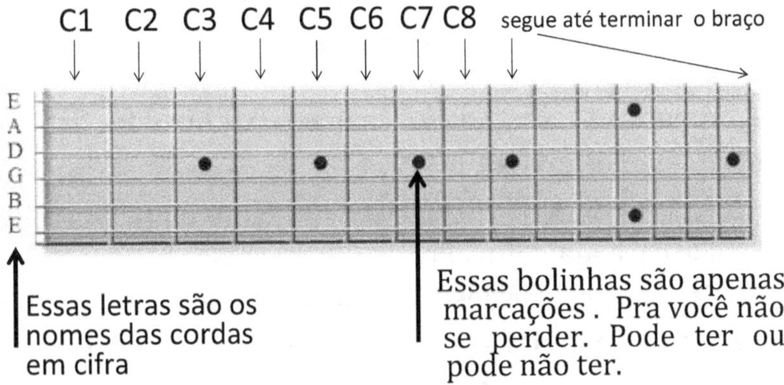

O braço tem várias divisões feitas por ferrinhos que são os **TRASTES**; entre esses ferrinhos estão os espaços que chamamos de **CASAS.** É nas **casas** que apertamos as cordas, o mais no meio possível; nunca em cima dos **trastes.** Então, **C1, C2, C3, C4, C5, C6, C7, C8, C9, C10, C11...**, são, respectivamente, **CASA 1, CASA 2, CASA 3, CASA 4,** nessa sequência, até chegar ao fim do braço, antes do último traste, já perto da boca do violão.

As letras, colocadas na vertical, do lado esquerdo, são os nomes das cordas em cifra. Assim, veja:

E - **6ª** CORDA - **Mi bordão**

A - **5ª** CORDA - **Lá**

D - **4ª** CORDA - **Ré**

G - **3ª** CORDA - **Sol**

B - **2ª** CORDA - **Si**

E - **1ª** CORDA - **Mi prima**

No nosso estudo você vai encontrar só os números.

A corda **E** , **6ª** CORDA, chamada **Mi bordão**, fica em cima e é a **mais grossa**.

A corda **E, 1ª** CORDA, chamada **Mi prima**, é a última de baixo e é a **mais fina**. Procure decorar isso.

Antes de seguirmos, é importante saber que "**b**" é **bemol** e "**#**" é **sustenido**. O bemol **diminui** <u>meio</u> tom e o sustenido **aumenta** <u>meio</u> tom.

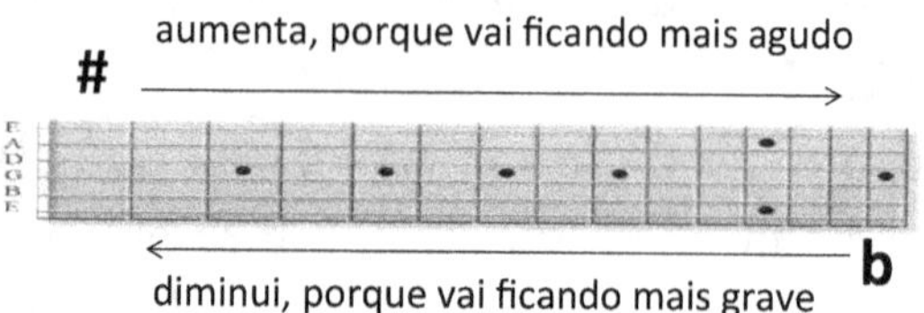

No violão (e na guitarra) usamos cifras e notas musicais. Assim usamos DÓ, DÓ# (=RÉ b), RÉ, RÉ# (=MI b), MI, FÁ, FÁ # (=SOL b), SOL, SOL# (=LA b), LÁ, LÁ# (=SI b), SI, ou C, D, E, F, G, A, B e C#, D#, F#, G#, A#, e ainda: Db, Eb, Gb, Ab, Bb.

Continuando a entender o método...

MÃO ESQUERDA

Veja os desenhos abaixo:

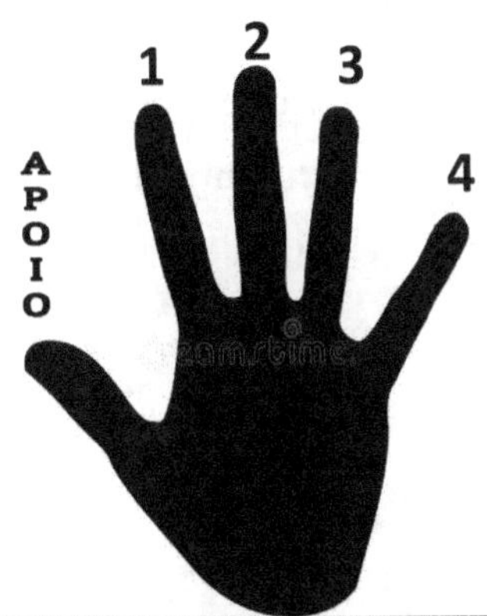

Observe as numerações nos dedos: Dedo 1, Dedo 2, Dedo 3, Dedo 4; esses números você vai encontrar nas aulas dos **acordes**. Um número colocado sobre uma corda, significa que é para apertar a corda com o dedo correspondente. O polegar apoia o braço do violão por trás fazendo um pequeno arco com a mão.

▍Tarja pequena. O **dedo 1** aperta algumas cordas; chama-se **meia pestana**.	▍Tarja grande. O **dedo 1** aperta todas as cordas. Chama-se **pestana completa**.

ACORDES são notas tocadas simultaneamente formando uma tríade ou mais notas.

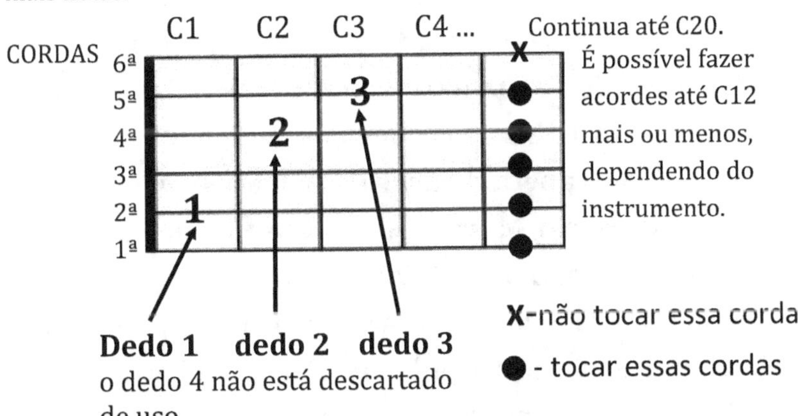

Continua até C20. É possível fazer acordes até C12 mais ou menos, dependendo do instrumento.

Dedo 1   dedo 2   dedo 3
o dedo 4 não está descartado de uso

X-não tocar essa corda

● - tocar essas cordas

Então veja como fica o acorde de **DÓ maior**:

DEDO 1 / na CASA 1 / na 2ª CORDA = **DÓ** oitavado + agudo

DEDO 2 / na CASA 2 / na 4ª CORDA = **MI**

DEDO 3 / na CASA 3 / na 5ª CORDA = **DÓ** oitavado + grave

+ **SOL** corda solta

+ **MI** corda solta

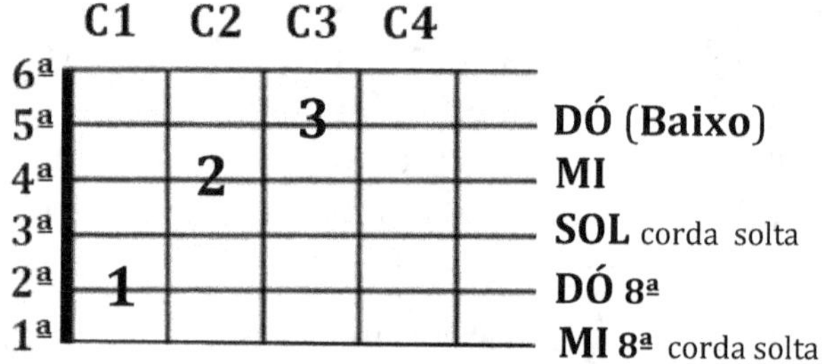

Esse (acima) é o acorde de **DÓ MAIOR (C)**; que é formado pelas notas indicadas à direita. Esse é o primeiro acorde que você vai estudar logo mais. Note que sobra uma acorda acima; é a **6ª** corda, a **MI bordão**, essa não deve ser tocada no acorde de **DÓ**. Note, também, que ao lado da nota **DÓ** está escrito **Baixo**; por que? Porque a nota **DÓ** da **5ª** corda é a nota "**cabeça de acorde**", a mais **grave**, por isso chamamos de **baixo**. Mas você deve saber, também, que podemos alterar o **baixo** e colocar ele em **MI;** então o acorde que seria representado em cifra assim: **C**, passa a ser assim: **C/E** - antes da barra é o acorde, **DÓ**; depois da barra é o baixo, **MI**. Você vai encontrar muito isso.

Agora vamos estudar os **GRAUS DA ESCALA MUSICAL**.

Vamos pegar a escala de Dó, que é: **dó, ré, mi, fá, sol, lá, si,** ou **C, D, E, F, G, A, B**, que são as já conhecidas notas musicais. Cada nota dessas é chamada de **grau**; assim sendo: **1º grau, 2ºgrau, 3ºgrau, 4ºgrau, 5ºgrau, 6ºgrau e 7ºgrau** da 1ª oitava; **8º grau, 9º grau, 10º grau...** Da 2ª oitava. Vamos relacionar:

Dó	**ré**	**mi**	**fá**	**sol**	**lá**	**si**
1º grau	2º grau	3º grau	4º grau	5º grau	6º grau	7º grau

escala de dó

Agora vamos pegar como exemplo o acorde de **DÓ maior**: **DÓ** - formação - **dó + mi + sol**. Essas **três** notas juntas formam o **acorde** de **DÓ maior**; é claro que tem repetições **oitavadas** como o **dó mais agudo** e o **mi mais agudo**; então o **dó** que usa corda solta fica assim: **dó + mi + sol + dó 8ª + mi 8ª**. Então, se você prestou atenção, vai ver que pegamos o **1º grau**, o **3º grau** e o **5º grau** que chamamos de **tríade** que é a **formação básica** de um **acorde**; as outras notas do acorde são **repetições oitavadas**; mas **tríade**, como o próprio nome diz, é a combinação de **três notas simultâneas**; para isso usamos o **1ºgrau**, o **3º grau** e o **5º grau**.

Entendendo o que são oitavas e o que acontece com uma escala **ascendente** e **descendente**.

Passando o 7º grau as notas começam a se repetir em 8º, 9º, 10º, 11º e assim por diante e o som vai ficando cada vez mais agudo. É a **escala ascendente**.

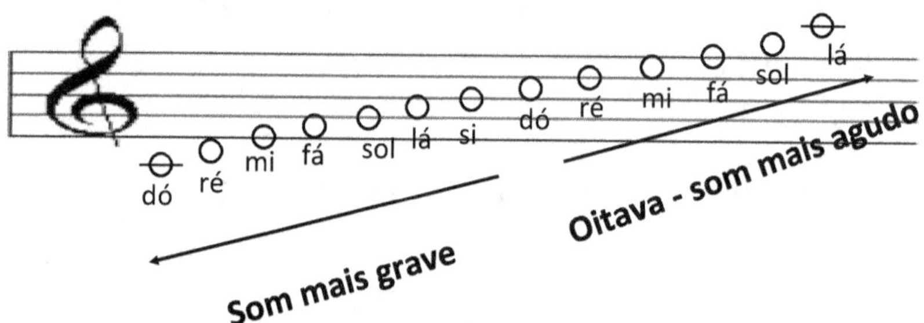

Conforme a escala vai descendo, as notas também vão se repetindo e o som vai ficando cada vez mais grave. É a **escala descendente**.

Na montagem dos acordes usamos esse princípio. Veja: (C) Dó - forma-se assim - DÓ + MI + SOL (C + E + G)

(C7) Dó sétima - forma-se assim - DÓ + MI + SOL + SI bemol (C + E + G + Bb). (**C7 - subentende-se sétima menor.**)

Por que apareceu o Si bemol? Porque para formarmos o acorde de DÓ maior com sétima (C7) precisamos acrescentar a nota do sétimo grau da escala de Dó que é o Si, diminuindo meio tom. Assim:

	1tom	1tom	1/2tom	1tom	1tom	1tom
Escala de Dó maior C	D	E	F	G	A	B
1	2	3	4	5	6	7

(C7) Escala de Dó maior com sétima

	1tom	1tom	1/2tom	1tom	1tom	1/2tom	
C	D	E		F	G	A	Bb

Vamos entender isso:

<u>Na escala de DÓ maior</u> temos 1tom entre o Dó e o Ré, 1 tom entre o Ré e o Mi, 1/2tom entre o Mi e o Fá, 1 tom entre o Fá e o Sol, 1 tom entre o Sol e o Lá e 1 tom entre o Lá e o Si.

Para o Dó com sétima, devemos diminuir em meio tom exatamente o Si. Veja como fica a montagem do acorde:

C   dó   +   mi   +   sol
       tônica   terça   quinta justa
       1ª   3ª   5ª

C7   dó   +   mi   +   sol   +   si bemol
       tônica   terça   quinta   sétima diminuida
                                  justa
       1ª   3ª   5ª   7ª diminuida

Devemos aplicar o mesmo princípio para todos os tons com sétima.

Os acordes com sétima deverão ter em sua junção a sétima nota da escala diminuída em meio tom. Logo mais estudaremos o modo de executar esses acordes.

Tomei apenas como exemplo esse acorde de Dó com sétima para estudarmos a montagem dos acordes que você verá mais adiante ao longo desse método. Com esse princípio em mente, você monta qualquer acorde que quiser.

Antes de prosseguirmos, é importante saber que os desenhos do braço do violão que você verá nas próximas páginas, são feitos como se estivesse na frente de um espelho. Assim fica bem fácil imitar a maneira de colocar os dedos nas cordas, fazendo exatamente como você está vendo, sem ter que virar o livro para que o desenho fique certo.

Agora veja imagens de como **apoiar o braço** do violão com o dedo polegar. É um pouco difícil explicar isso com texto, então recorri a algumas fotos.

Foto 1
Modo como o polegar apoia o braço do violão por trás.

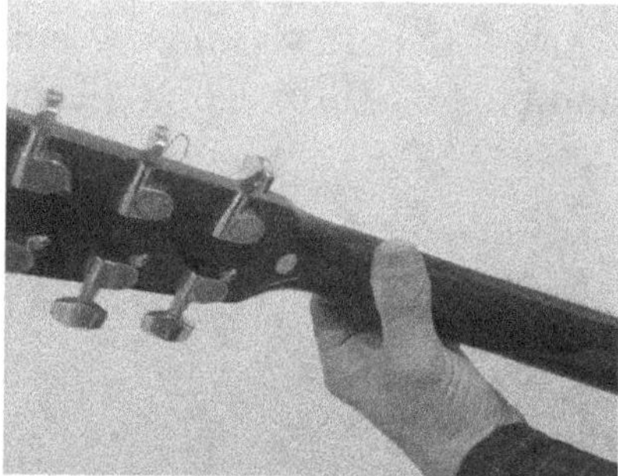

Foto 2
Modo como o polegar apoia o braço do violão por trás para executar pestana.

Faça um arco com a mão para apoiar (abracar) o braço do instrumento por trás, apoie com o polegar, como na foto 1 e 2; porém, é importante lembrar que você deve encontrar sua própria maneira de fazer isso; cada instrumentista deve desenvolver sua própria técnica, a que for melhor para executar os acordes de maneira que o som saia o mais limpo possível. As próximas fotos mostram exemplos de como executar o acorde de Dó maior, cordas soltas e com pestana, como também o Fá meia pestana e o Fá de pestana total.

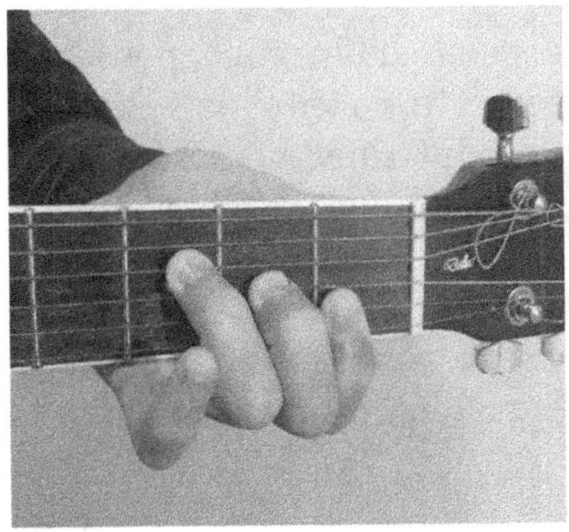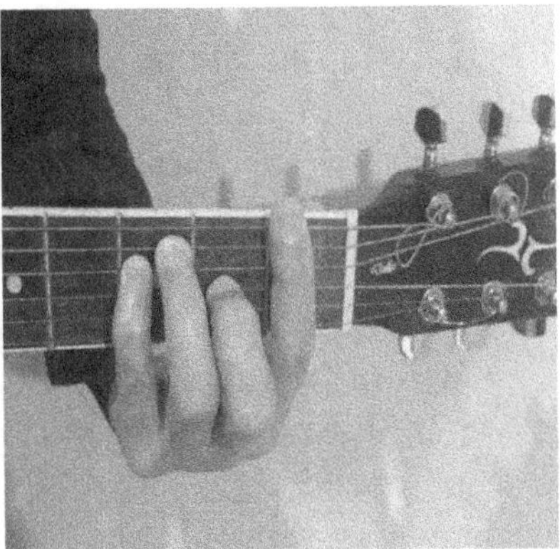

Foto 3
Como executar o acorde de Fá maior meia pestana; o dedo 1 aperta duas cordas juntas.

Foto 4
Como executar o acorde de Fá maior pestana total; o dedo 1 preciona todas as cordas.

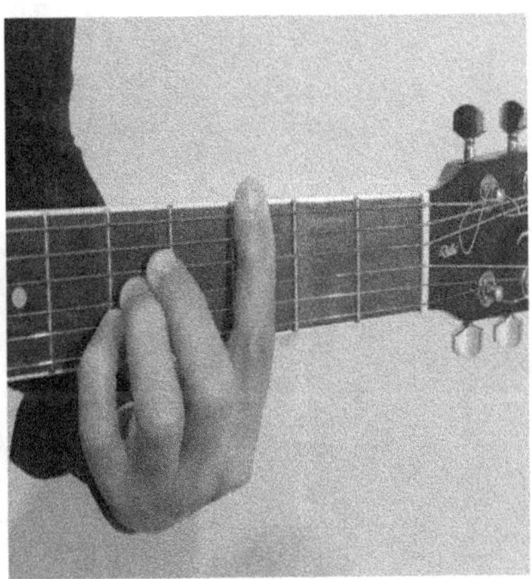

Foto 5
Modo de executar o Acorde de do Dó maior.

Foto 6
Modo de executar o Acorde de do Dó maior em pestana.

Essas fotos são apenas exemplos da maneira como pode ser feito; o importante é que você encontre o jeito mais confortável possível de apoiar o braço do instrumento para executar os acordes; vá adaptando isso, até que você encontre a melhor posição possível.

Pestanas são difíceis de executar no começo; por isso é necessário muito exercício, dedicação e insistência. No início elas não liberam o som, mas com o tempo vai melhorando e o som aparece.

MÃO DIREITA - O RITMO

É a mão direita quem "fere" as cordas do violão para fazer o ritmo. Ritmo é a cadência da música em batidas que determinam a velocidade da mesma. Um bom exemplo é o "tic tac" daqueles relógios antigos, principalmente os despertadores; suas batidas nunca se atrasavam ou se adiantavam; iam sempre na mesma velocidade: tic, tac, tic, tac, tic, tac... Quando vamos fazer o ritmo no violão devemos nos lembrar do velho relógio despertador.
Você também pode usar os "apps" que marcam o ritmo, os chamados metrônomos; eles são importantes auxiliadores para treinar a cadência do ritmo.

Vamos usar os compassos quaternário, ternário e binário, para o nosso estudo; mas não vou entrar em teoria musical, pois essa não é a proposta desse método.

COMPASSO QUATERNÁRIO - quatro tempos

Contamos 1... 2... 3... 4... , voltamos e recomeçamos no 1... Sempre na mesma cadência; como o relógio. Veja:

NAS CORDAS DO VIOLÃO

Desça com o dedo **p**olegar e fira as primeiras cordas de cima para baixo e conte 1; suba e bata com o dedo **i**ndicador nas últimas cordas de baixo para cima e conte 2; repita a batida do **p**olegar e conte 3; repita a batida do **i**ndicador e conte 4; recomesse e conte novamente. Faça isso com cadência; sem adiantar ou atrazar. O acorde de Sol maior é o mais indicado para treinar o ritmo.

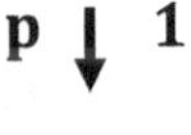

COMPASSO TERNÁRIO - Três tempos

Contamos 1...   2...   3... ,voltamos e recomeçamos no 1...
Sempre na mesma cadência; como o relógio. Veja:

NAS CORDAS DO VIOLÃO

Desça com o dedo polegar e fira
as primeiras cordas de cima para
baixo e conte 1; suba e bata com o
dedo indicador nas últimas cordas de baixo para cima e conte 2;
repita a batida do indicador e conte 3; recomesse com o polegar e
conte novamente 1. Faça isso com
cadência; sem adiantar ou atrazar.
O acorde de Sol maior é o mais

p ↓ 1

i ↑ 2

p ↑ 3

OBS:_ "**p**" é dedo polegar. "**i**" é dedo indicador

COMPASSO BINÁRIO - Dois tempos
Contamos 1...   2..., voltamos e recomeçamos no 1...

NAS CORDAS DO VIOLÃO

Desça com o dedo polegar e fira
as primeiras cordas de cima para
baixo e conte 1; suba e bata com o
dedo indicador nas últimas cordas de baixo para cima e conte 2;
recomesse com o polegar e conte
novamente 1. Faça isso com cadência; sem adiantar ou atrazar.
O acorde de Sol maior é o mais
indicado para treinar o ritmo.

p ↓ 1

i ↑ 2

Depois dessas considerações importantes, vamos para os acordes. Preste atenção na formação deles no braço do violão. Não se esqueça que a disposição dos gráficos é como se estivesse diante de um espelho; então você olha o desenho de frente e assim posiciona os dedos nas respectivas cordas e casas.

Bom estudo.

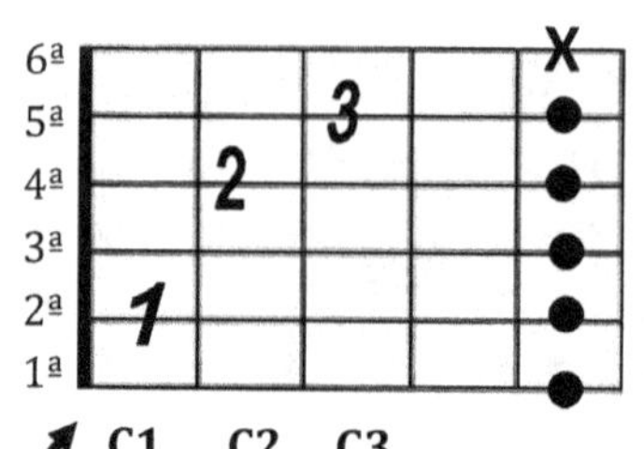

Acorde: **DÓ** maior

1ª do Tom

Cifra: **C**

O acorde de **DÓ maior** é formado pela tríade **DÓ**, **MI**, **SOL** e mais as oitavas **DÓ** e **MI** mais agudas.

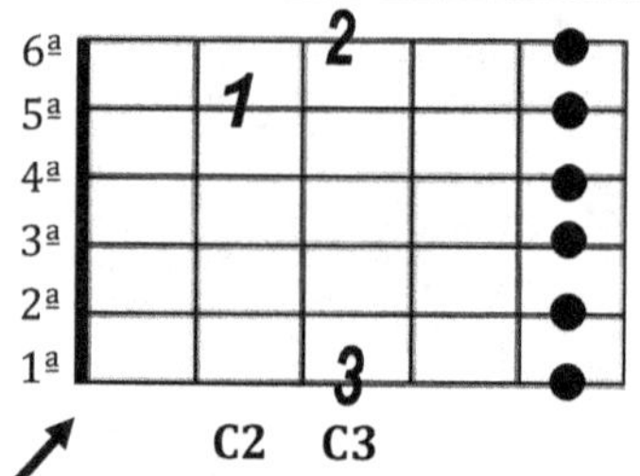

Acorde: **SOL** maior

5ª do Tom

Cifra: **G**

O acorde de **SOL** maior é formado pela tríade **SOL**, **SI**, **RÉ** e mais duas oitavas **SOL** e uma oitava **SI**.

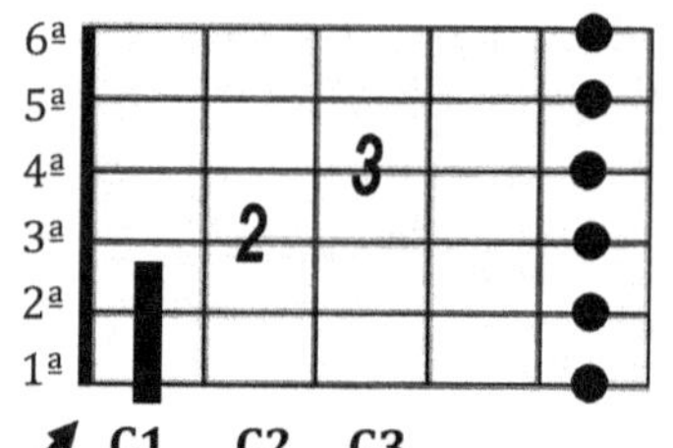

Acorde: **FÁ** maior

4ª do tom

Cifra: **F**

O acorde de **FÁ** maior é formado pela tríade **FÁ**, **LÁ**, **DÓ** e mais a oitava **FÁ**. Dedo 1 pega duas cordas juntas.

Na próxima página vamos ver os acordes <u>menores, relativos</u> ao tom de **DÓ maior**.

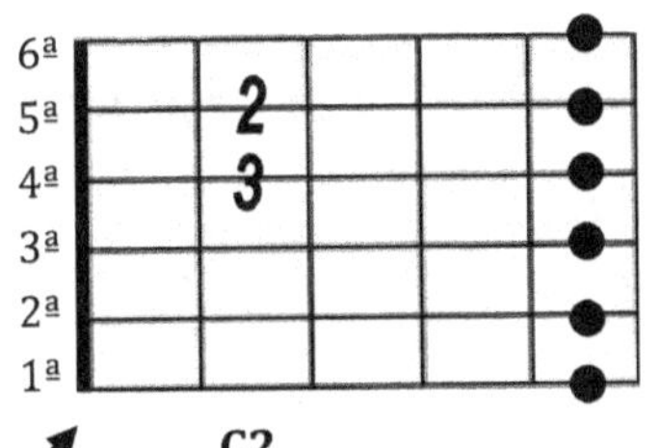

Acorde: **MI menor**

3ª menor do Tom

Cifra: **Em**

A tríade desse acorde é **MI, SOL, SI** e as oitavas são **SI, e MI**. A corda SOL solta nesse acorde determina o tom menor.

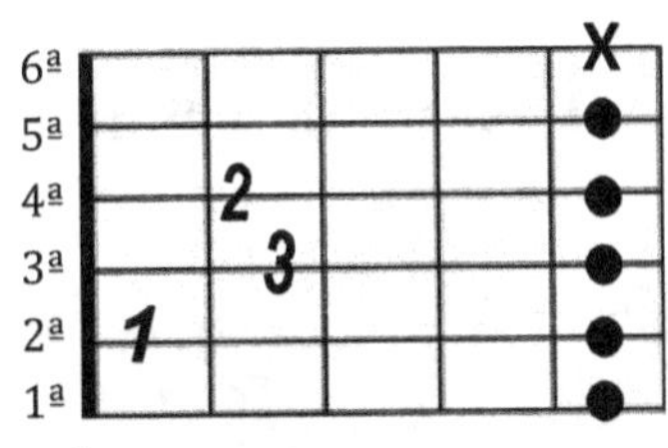

Acorde: **LÁ menor**

6ª menor do Tom

Cifra: **Am**

LÁ menor é formado pela tríade **LÁ, DÓ, MI** e pelas oitavas **LÁ e MI**. A nota **DÓ** nesse acorde determina o tom menor.

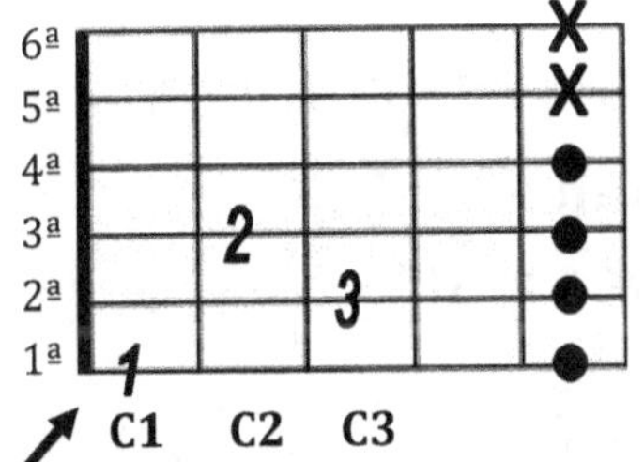

Acorde: **RÉ menor**

2ª menor do Tom

Cifra: **Dm**

Esse acorde é formado pelas tríades **RÉ, LÁ, FÁ** e uma oitava **RÉ**. A nota **FÁ** determina o tom menor.

Continuando, vamos estudar agora os tons sustenidos (#). Lembre-se: Sustenido aumenta meio tom; então todas as notas do acorde aumentarão meio tom; por isso fazemos pestana com o dedo 1, o indicador.

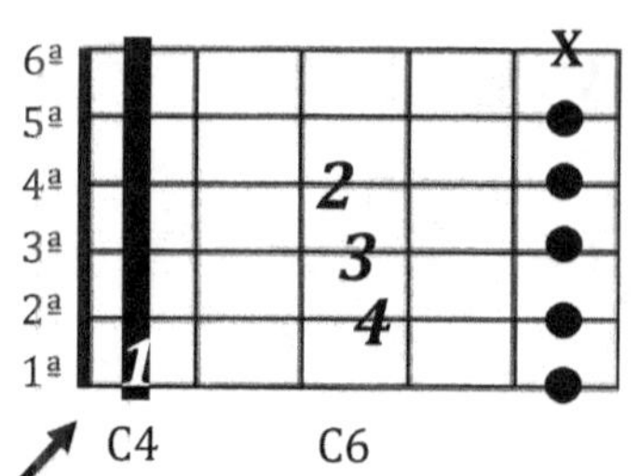

Acorde: **DÓ sustenido maior**

1ª do Tom

Cifra: **C# ou Db**

O dedo 1 fica estendido sobre todas as cordas; mas toque da 5ª para baixo. No começo o som fica abafado. Mas treine.

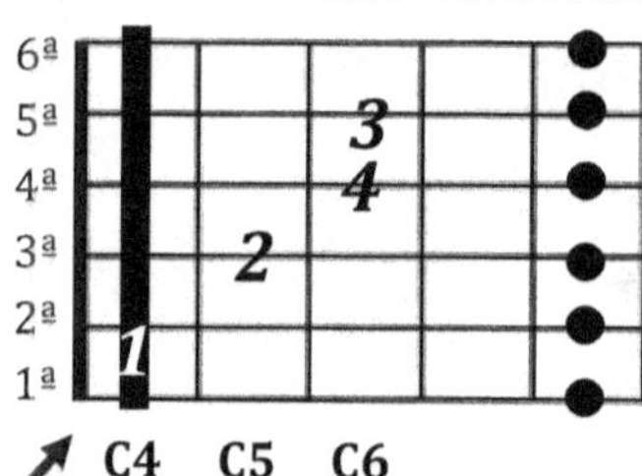

Acorde: **SOL sustenido maior**

5ª do Tom

Cifra: **G# = a Ab**

Pestana total. O dedo indicador (1) fica estendido sobre todas as cordas. Toque todas elas, desde a 6ª até a última.

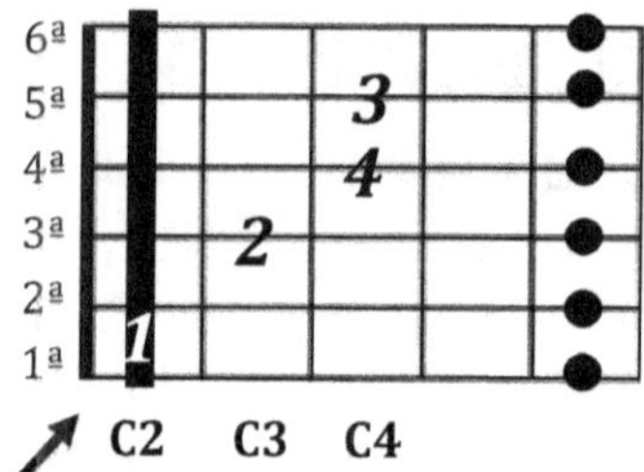

Acorde: **FÁ sustenido maior**

4ª do Tom

Cifra: **F# = a Gb**

Segue as pestanas. No começo o som poderá sair abafado. Mas com insistência e treino vai melhorando até ficar bom.

Parabéns! Você chegou até aqui! Não pare. Continue. Vamos para os tons menores sustenidos relativos.

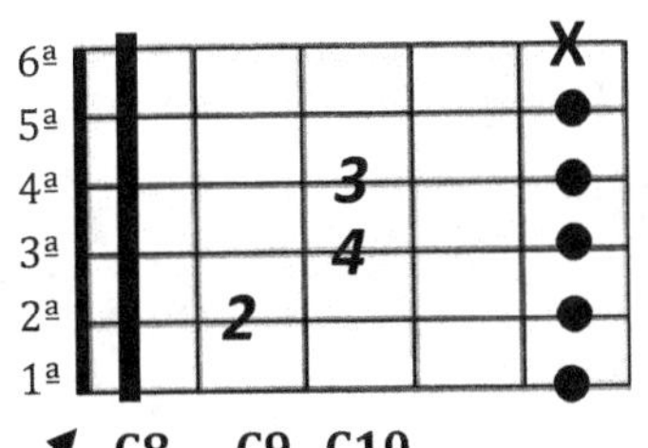

Acorde: **MI** sustenido menor

3ª menor do Tom

Cifra: **E#m = Fm**

A barra preta esticada na casa oito é o dedo 1 apertando todas as cordas. Ficará subentendido doravante.

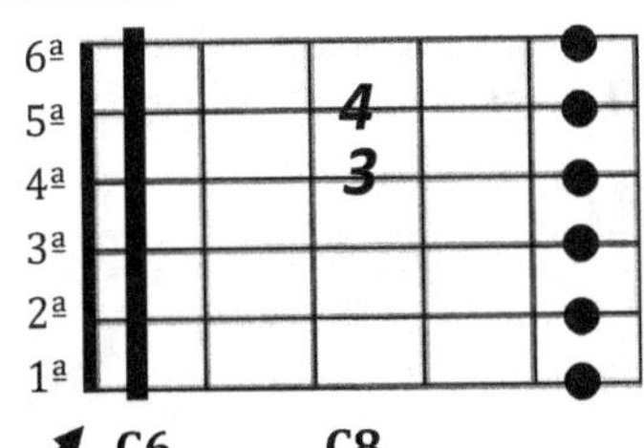

Acorde: **LÁ** sustenido menor

6ª menor do Tom

Cifra: **A#m = Bbm**

Para executar esse acorde não precisa usar o dedo 2. Toque todas as corda, da 6ª até a 1ª

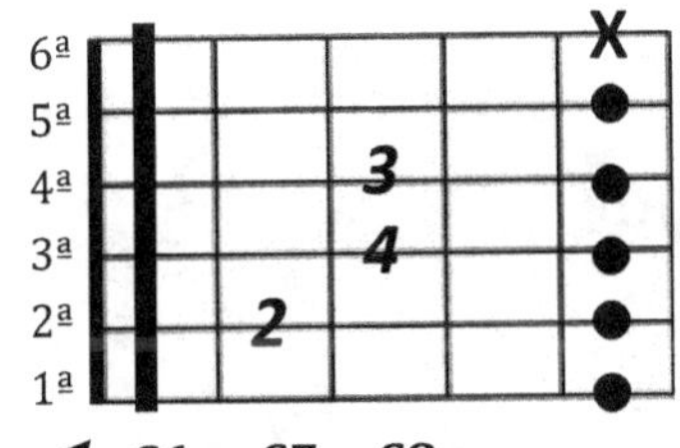

Acorde: **RÉ** sustenido menor

2ª menor do Tom

Cifra: **D#m= Ebm**

Pressione todas as cordas na casa 6 com o dedo 1, mas toque da 5ª corda para baixo.

Na sequência vamos ver o acorde de **RÉ maior (D)** e seus menores relativos.

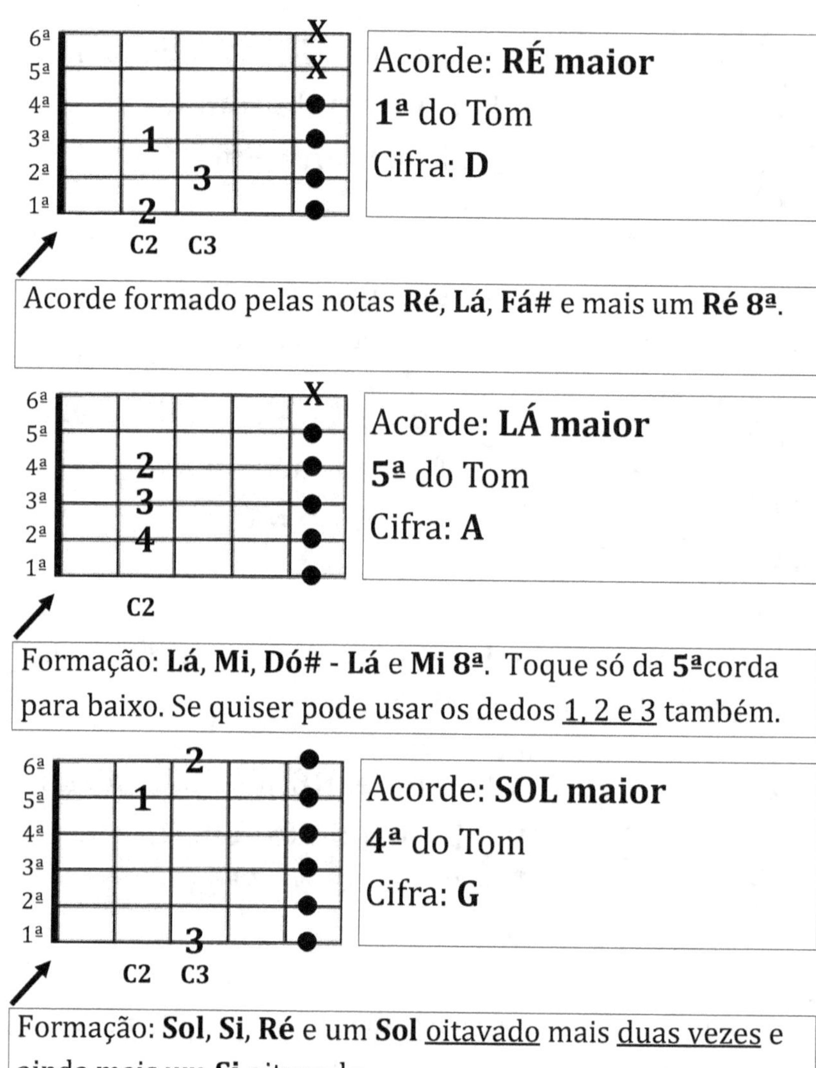

Acorde: **RÉ maior**

1ª do Tom

Cifra: **D**

Acorde formado pelas notas **Ré**, **Lá**, **Fá#** e mais um **Ré 8ª**.

Acorde: **LÁ maior**

5ª do Tom

Cifra: **A**

Formação: **Lá, Mi, Dó# - Lá e Mi 8ª**. Toque só da **5ª**corda para baixo. Se quiser pode usar os dedos 1, 2 e 3 também.

Acorde: **SOL maior**

4ª do Tom

Cifra: **G**

Formação: **Sol, Si, Ré** e um **Sol** oitavado mais duas vezes e ainda mais um **Si** oitavado.

Vamos para os tons menores relativos a **Ré maior.**

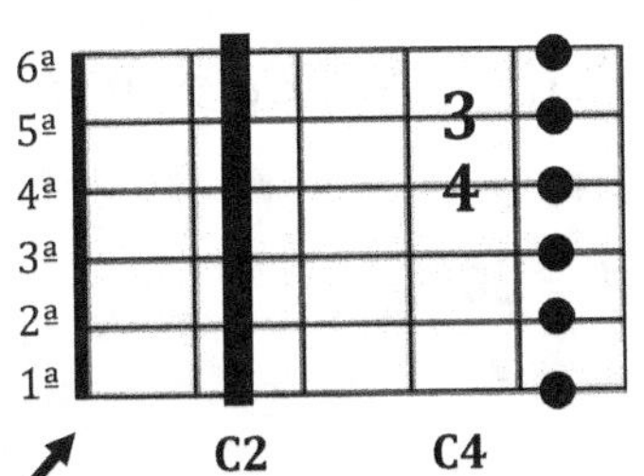

Acorde: **FÁ sustenido <u>menor</u>**

3ª menor do Tom

Cifra: **F#m**

Esse é o acorde menor **relativo a RÉ maior**, chamado **terça menor**. Para executá-lo faça pestana completa em C2.

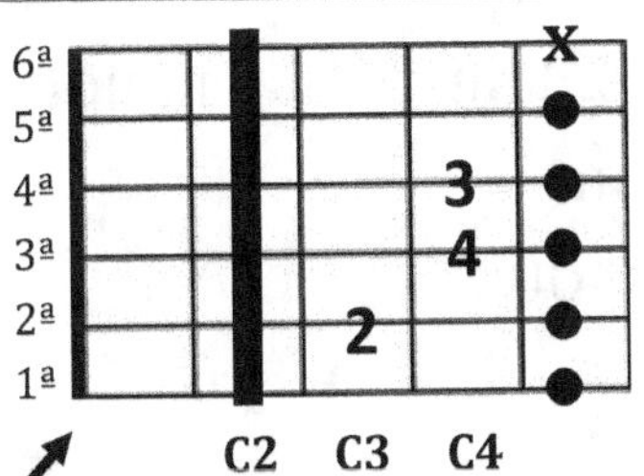

Acorde: **SI menor**

6ª menor do Tom

Cifra: **Bm**

Segue pestana completa com dedo **1** em **C2**. É a sexta menor do tom de **RÉ maior**.

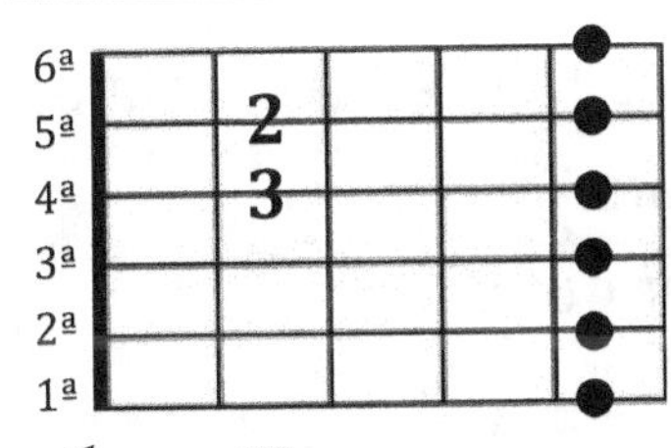

Acorde: **MI menor**

2ª menor do Tom

Cifra: **Em**

Mi menor é a <u>segunda menor</u> do tom de **RÉ maior**. É a <u>terceira menor</u> do tom de **DÓ maior**, lembra? Veja na pág. **25**.

Continue. Vire a página e confira os próximos acordes.

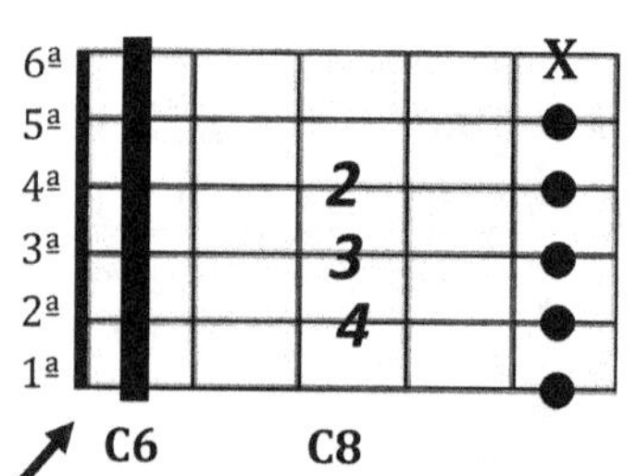

Acorde: **RÉ** sustenido maior
1ª do Tom
Cifra: **D# = Eb**

Note que **RÉ sustenido (D#)** pode também ser chamado de **Mi bemol (Eb)**; os dois acordes são feitos no mesmo local.

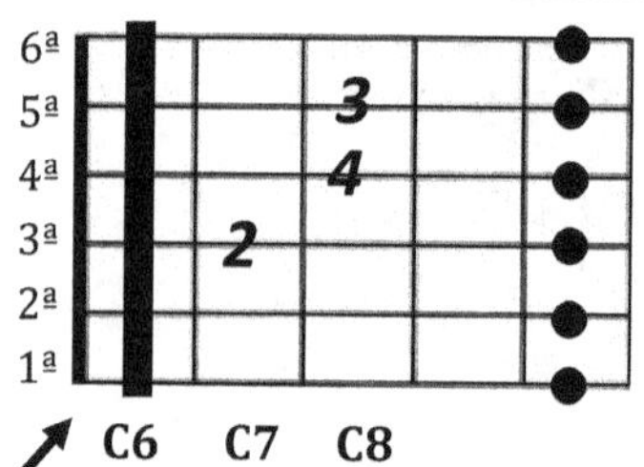

Acorde: **LÁ** sustenido maior
5ª do Tom
Cifra: **A#** OU **Bb**

Também: **LÁ sustenido** é o mesmo que **SI bemol**; A# = Bb. Os dois acordes são executados no mesmo local do braço.

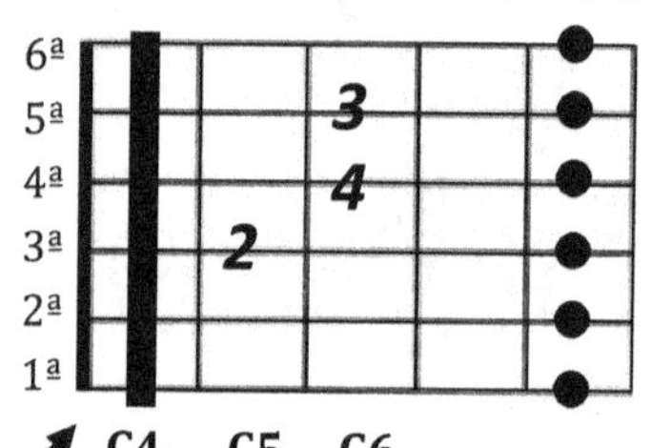

Acorde: **SOL** sustenido maior
4ª do Tom
Cifra: **G#** ou **Ab**

No mesmo local do braço do violão se executa **G#** e **Ab**. Os dois acordes são iguais; tem o **mesmo som**.

Vamos para os tons menores relativos a RÉ sustenido maior.

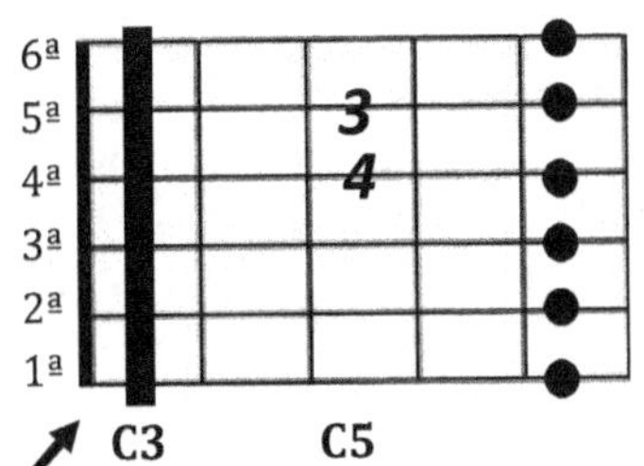

Acorde: **SOL menor**

3ª menor do Tom

Cifra: **Gm**

Note que a **terceira menor** de **RÉ** sustenido não é **sustenido**, é **natural**.

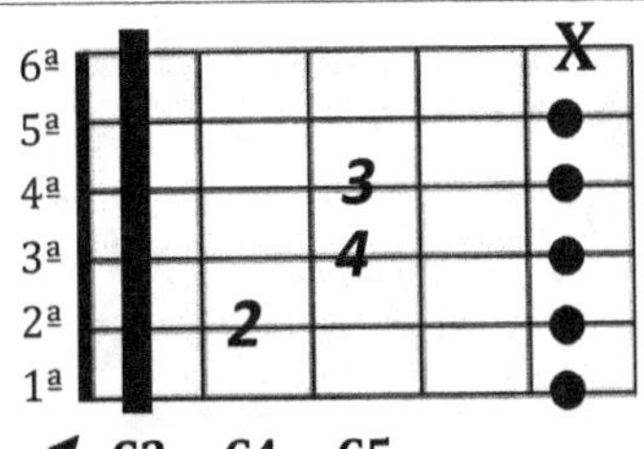

Acorde: **DÓ menor**

6ª menor do Tom

Cifra: **Cm**

Os **tons** vão ficando mais **altos** e os **acordes** mais **agudos** a medida que descem, indo em direção ao corpo do violão.

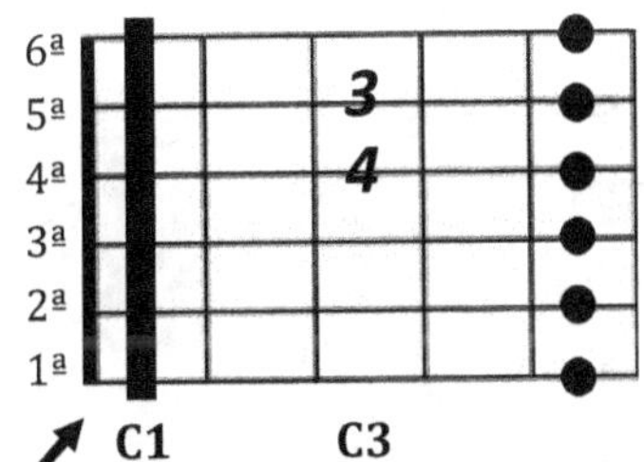

Acorde: **FÁ menor**

2ª menor do Tom

Cifra: **Fm**

A segunda **menor** do tom de **D#** é também um acorde natural. Por isso não tem sinal de **acidente**.

Vamos para o próximo acorde.

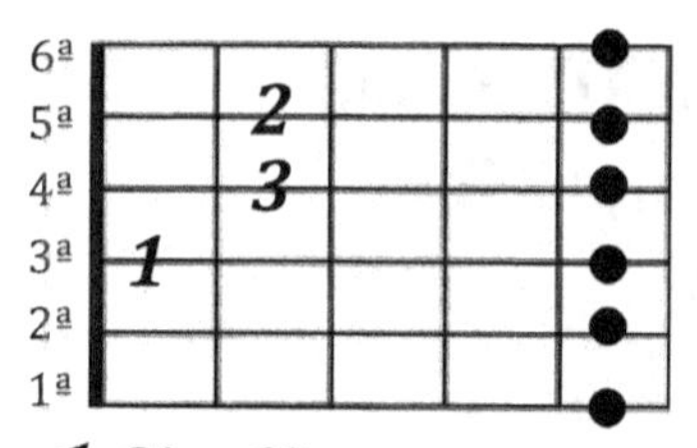

Acorde: **MI maior**

1ª do Tom

Cifra: **E**

Acorde fácil de executar; bem perto da mão do violão, na primeira casa. Perceba o som de cordas soltas e apertadas.

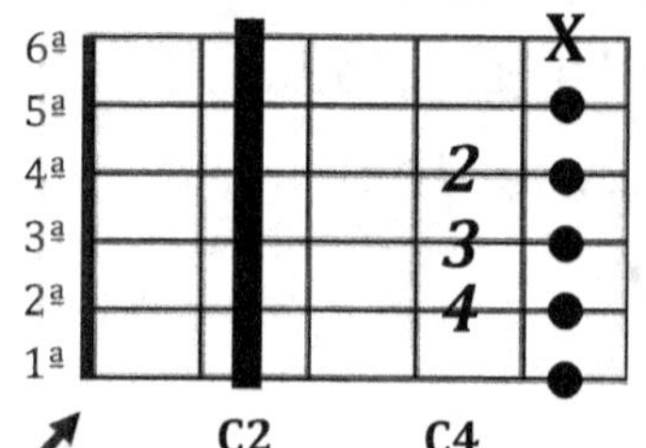

Acorde: **SI maior**

5ª do Tom

Cifra: **B**

Logo você vai estudar as variantes dos acordes; outras maneiras de executá-los às vezes mais fáceis, outras nem tanto.

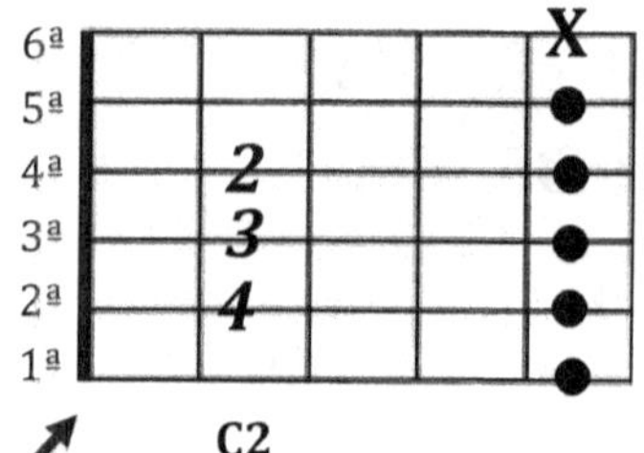

Acorde: **LÁ maior**

4ª do Tom

Cifra: **A**

Note que, se o tom for **MI**, **LÁ** será a **4ª**; mas se o tom for **RÉ**, **LÁ** será a **5ª**. Veja a página **28**. Três dedos na mesma casa.

Vamos para os acordes menores relativos a **E**.

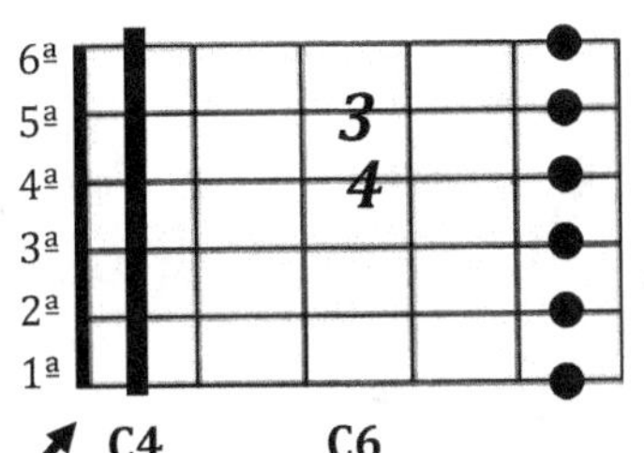

Acorde: **SOL sustenido menor**

3ª menor do Tom

Cifra: **G#m**

Ao executar esse acorde você pode tocar todas as cordas.

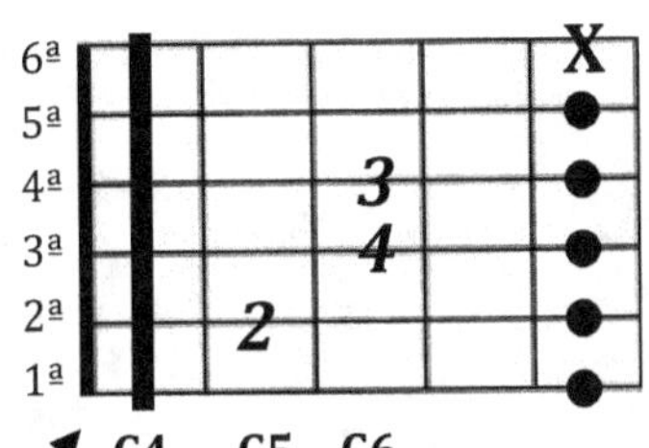

Acorde: **DÓ sustenido menor**

6ª menor do Tom

Cifra: **C#m**

Toque a partir da quinta corda. Procure abafar a sexta corda.

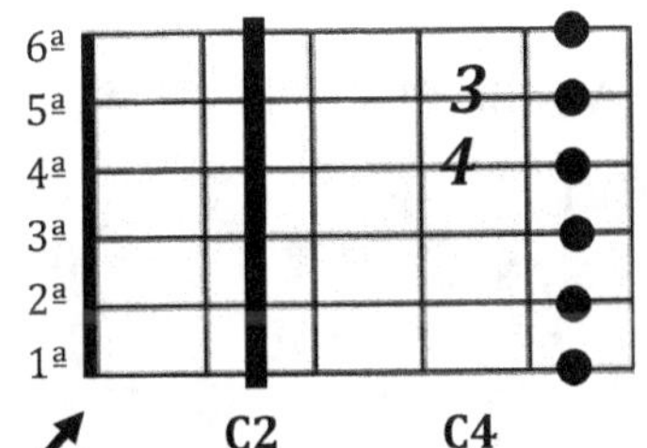

Acorde: **FÁ sustenido menor**

2ª menor do Tom

Cifra: **F#m**

Observe que **F#m**, aqui é a **2ª** menor de **E**, mas em **D**, **F#m** é a 3ª menor; veja na página **29**. Isso vai acontecer sempre.

Note que os acordes vão se repetindo ao mudarem de grau. Por e-xemplo: **G** é a **5ª** de **C**, mas é a **4ª** de **D**; **A** é a **5ª** de **D**, mas é a **4ª** de **E**. Os acordes são os mesmos, só mudam de função e de lugar.

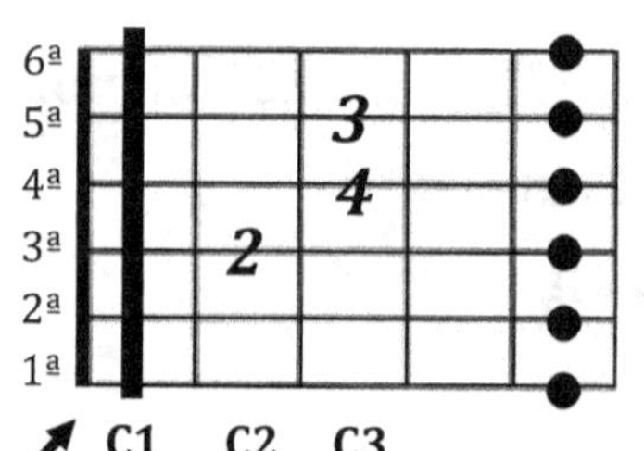

Acorde: **FÁ maior**

1ª do Tom

Cifra: **F**

Esse é o **FÁ** de pestana completa; o dedo **1** aperta todas as cordas na **C1**. A princípio, o som fica abafado, mas melhora com treino.

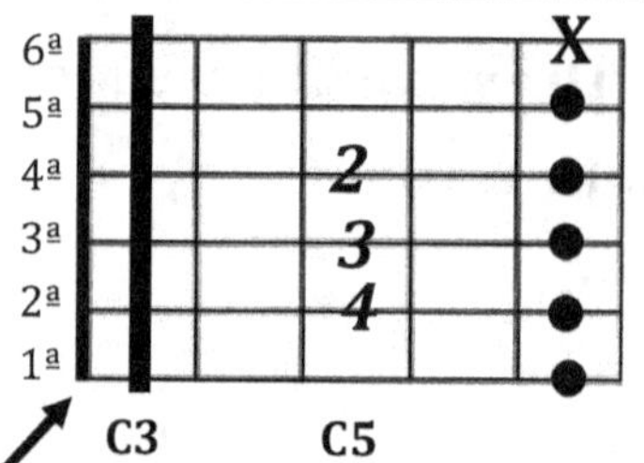

Acorde: **DÓ maior**

5ª do Tom

Cifra: **C**

Esse acorde é uma variação do **DÓ** da página **24**. É o mesmo acorde, só que feito com todos os dedos em pestana a partir da **C3**. Aqui, **C** é a **5ª** do tom **FÁ**.

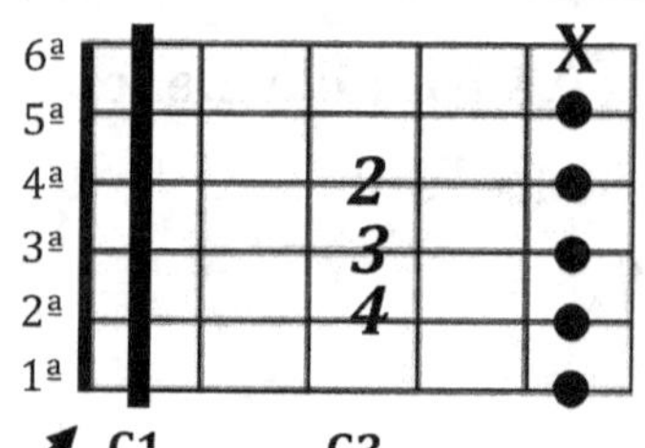

Acorde: **SI bemol**

4ª do Tom

Cifra: **Bb = A#**

Esse acorde, **Si bemol**, (**Bb**) também pode ser chamado de **LÁ sustenido (A#)**.

Preste bem atenção no local do braço em que se posiciona o dedo 1 para fazer a pestana. Observe o número da casa.

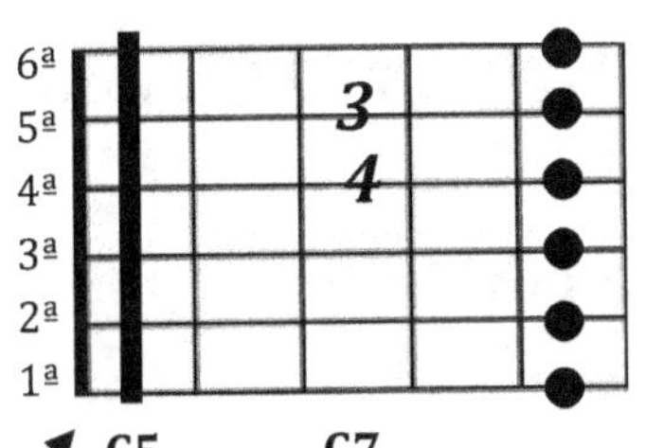

Esse **LÁ menor** é uma *variação* do **LÁ menor** da página **25**. É o **mesmo acorde**, feito de maneira diferente na **C5** e **C7**.

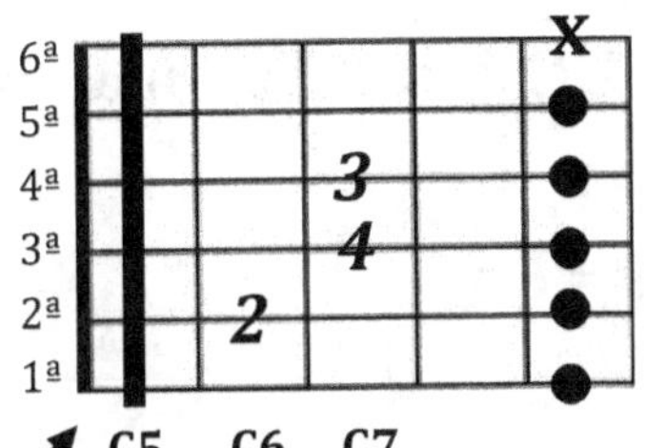

Outra **variação de acorde**. É o mesmo **Dm** da página **25**, feito em pestana na **C5**, **C6** e **C7**.

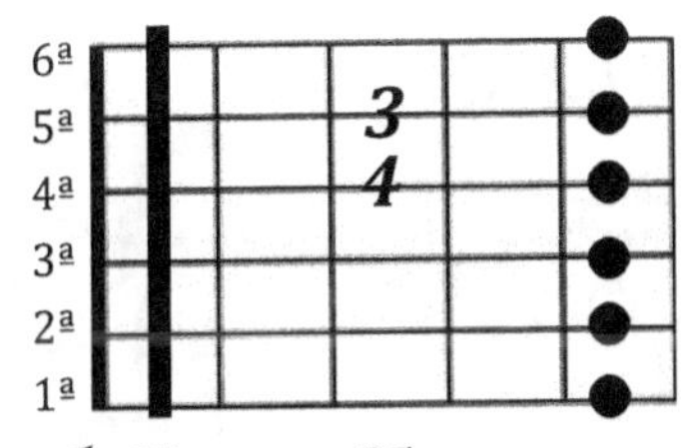

Note que os acordes às vezes se **repetem**, mas mudam de **grau** de acordo com a **escala** em que estão. Na página **31**, **Gm** é a **3ª menor** de **D#**; aqui é a **2ª menor** de **F**.

É muito importante conhecer as variações dos acordes; maneiras diferentes de executá-los, em lugares diferentes no braço do violão (ou guitarra).

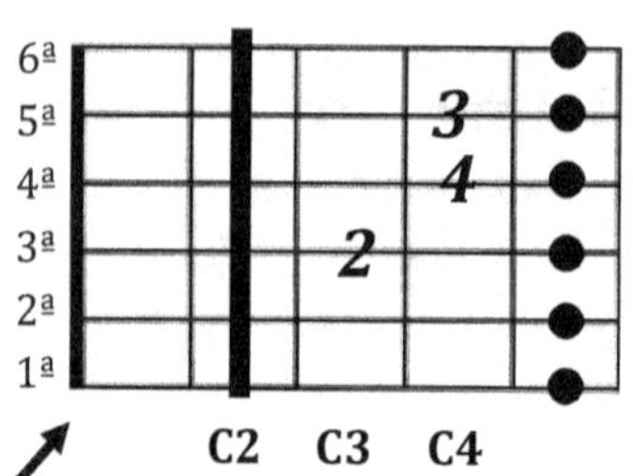

Acorde: **FÁ sustenido maior**

1ª do Tom

Cifra: **F# = Gb**

Esses acordes **F#** e **Gb** são iguais; são executados no mesmo local do braço.

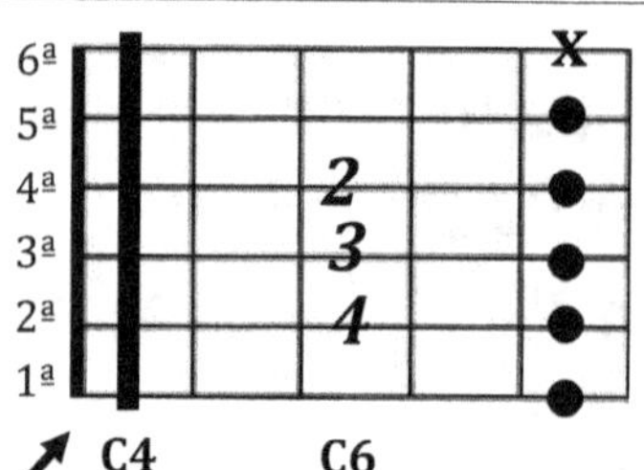

Acorde: **DÓ sustenido maior**

5ª do Tom

Cifra: **C# = Db**

Nesse acorde os dedos **2**, **3** e **4** ficam na mesma casa (**6**). O dedo **1** faz **pestana** em **C4**.

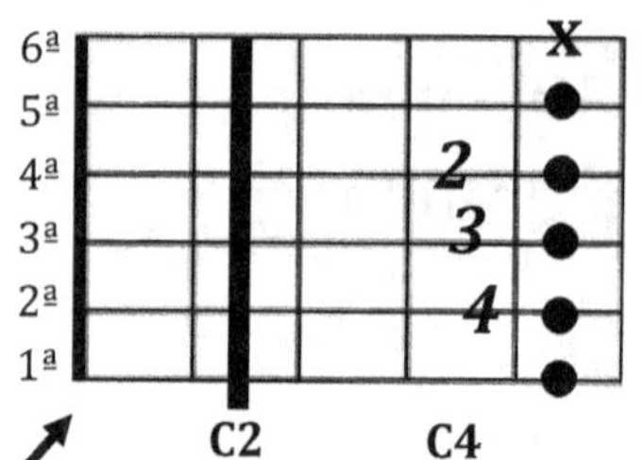

Acorde: **SI maior**

4ª do Tom

Cifra: **B**

Aqui, na escala de **FÁ sustenido**, **Si** é a **4ª** do Tom. Na página 32, **Si** é a **5ª** na escala de **Mi**.

Não se esqueça de decorar as cifras; nas letras das músicas só se usam cifras; elas facilitam a escrita dos acordes em cima da letra.

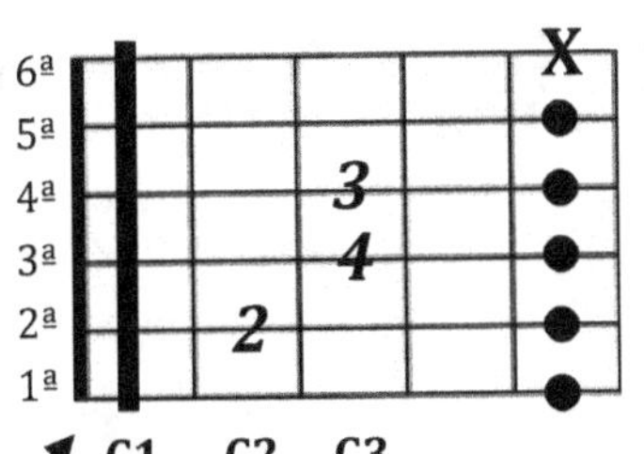

Acorde: **SI bemol menor**

3ª menor do Tom

Cifra: **Bbm = A#m**

Si bemol menor também pode ser chamado de **Lá sustenido menor**. Não toque a corda que está marcada com um "**X**"

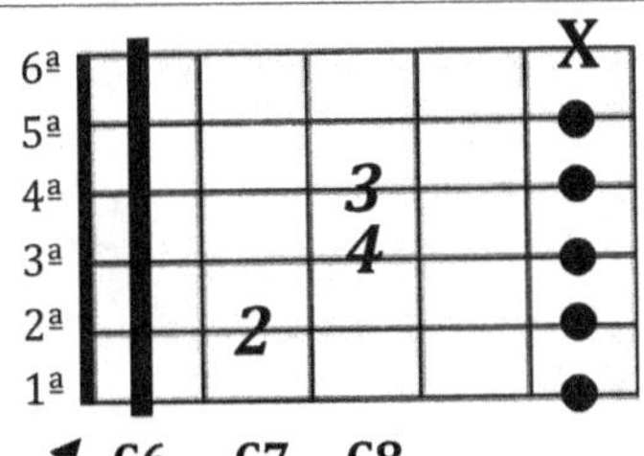

Acorde: **RÉ sustenido** menor

6ª menor do Tom

Cifra: **D#m = Ebm**

Esse acorde é a **sexta menor** no tom de **Fá sustenido maior**.

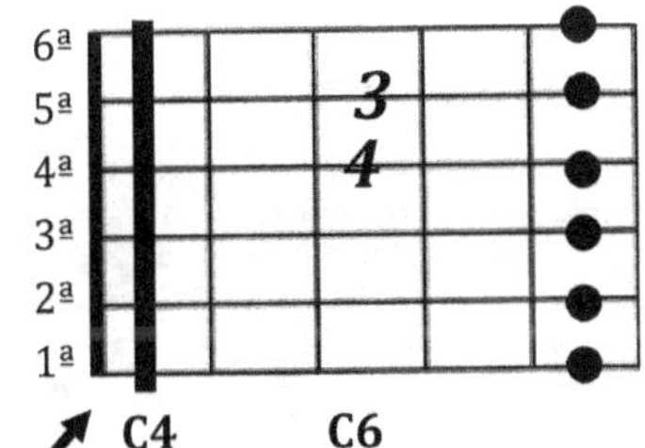

Acorde: **SOL sustenido** menor

2ª menor do Tom

Cifra: **G#m**

Pestana completa na casa **4** e **6**. Toque todas as cordas.

O Si bemol menor, o primeiro acorde acima, é uma variação do Lá sustenido da página 27; aqui ele é executado nas casas C1, C2 e C3; na página 27 é nas casas C6 e C8. É o mesmo acorde.

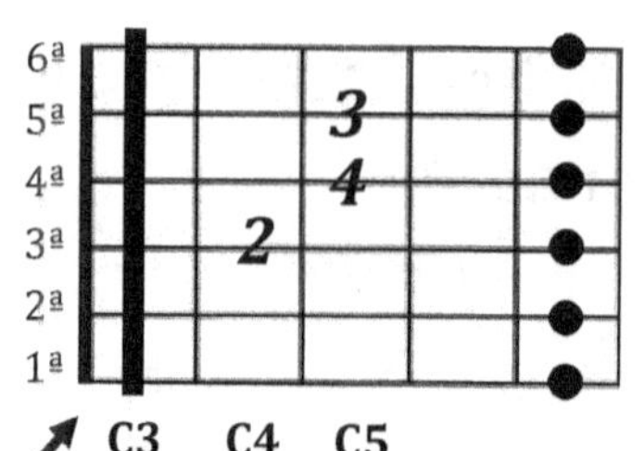

Acorde: **SOL maior**

1ª do Tom

Cifra: **G**

Note que quando o acorde é maior, na cifra a letra vem só ou acompanhada do acidente (**#** ou **b**). Aqui **SOL** está abrindo sua própria **escala**. Esse **SOL** é uma varia da página **24.**

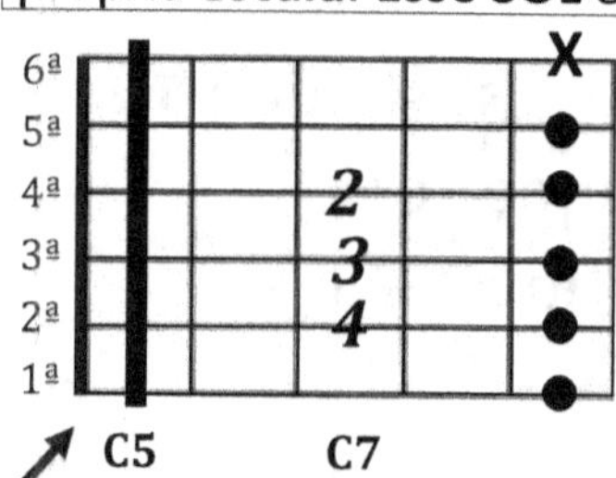

Acorde: **RÉ maior**

5ª do Tom

Cifra: **D**

Este **RÉ** é uma variação do **RÉ** da página **28**; aqui ele é executado em pestana a partir da **casa 5**.

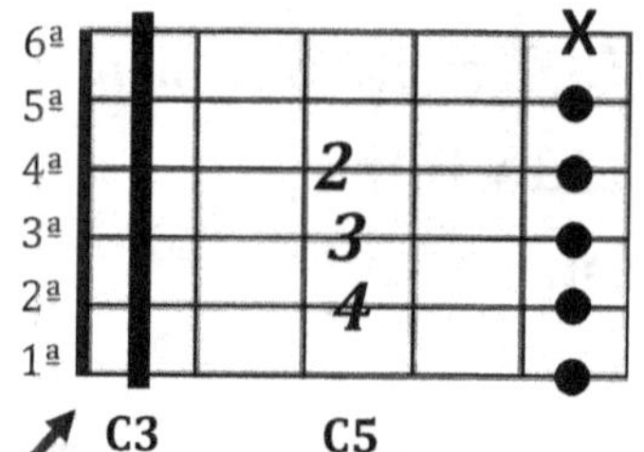

Acorde: **DÓ maior**

4ª do Tom

Cifra: **C**

Outra variação; é o **mesmo DÓ** da **página 24**, só que feito em pestana.

Preste atenção nas **variações**. Veja como os acordes se repetem e são executados em lugares diferentes do braço do violão. Na sequência, os menores relativos ao tom.

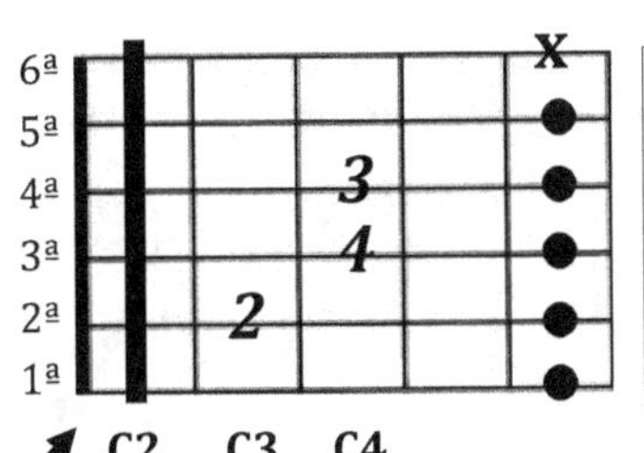

Acorde: **SI menor**

3ª menor do Tom

Cifra: **Bm**

O mesmo **Si menor** da página **29**; aqui é a **3ª menor do tom.**

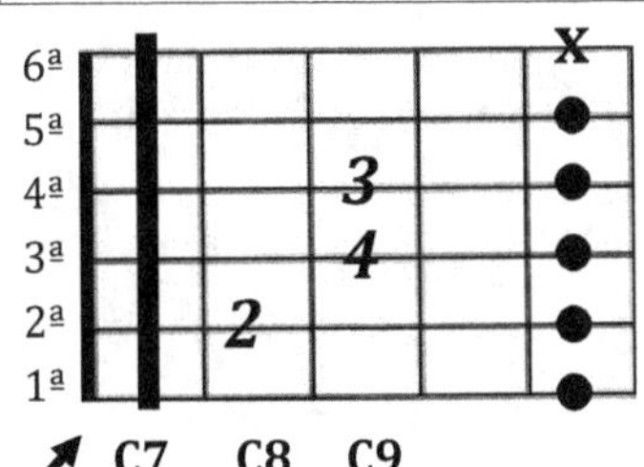

Acorde: **MI menor**

6ª menor do Tom

Cifra: **Em**

Uma variação do **Mi menor** da página **25**, executado em pestana, bem lá em baixo do braço do violão.

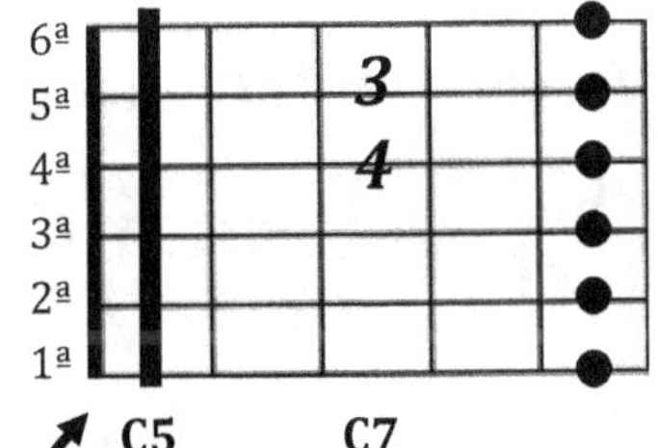

Acorde: **LÁ menor**

2ª menor do Tom

Cifra: **Am**

Variação do **LÁ menor** da página **25**. Aqui executado em pestana. Note que é o mesmo som, só que mais abafado por não usar cordas soltas como na página **25**.

Note que não há acordes **sustenidos** (#) nem **bemóis** (b).

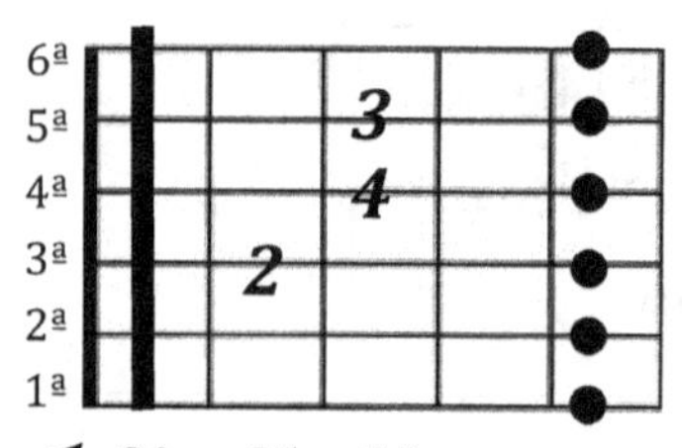

Acorde: **SOL sustenido maior**

1ª do Tom

Cifra: **G# = Ab**

Também pode ser chamado e grafado como **Lá bemol**. Nesse caso a cifra é **Ab**.

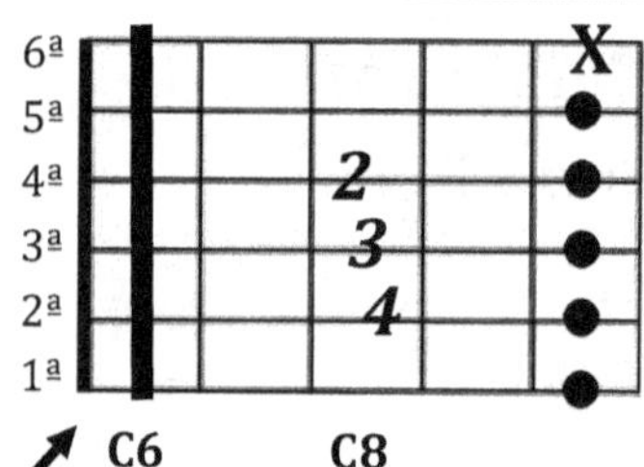

Acorde: **RÉ sustenido maior**

5ª do Tom

Cifra: **D# = Eb**

Ré sustenido (D#) ou **Mi bemol** (Eb); nomes diferentes para o mesmo acorde.

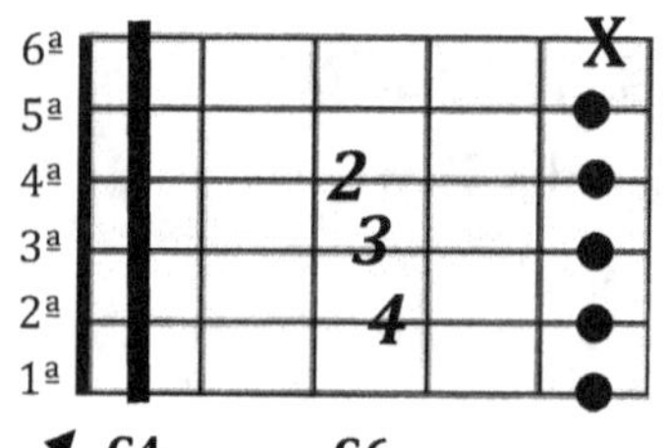

Acorde: **DÓ sustenido maior**

4ª do Tom

Cifra: **C# = Db**

Dedo um esticado apertando todas as cordas; dedos dois, três e quatro, dentro da mesma casa.

Vamos para os próximos acordes.

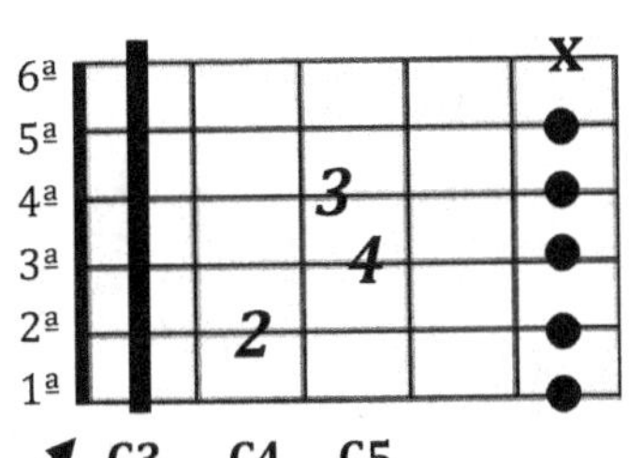

Acorde: **DÓ menor**

3ª menor do Tom

Cifra: **Cm**

Veja que a **terceira menor** do tom de **Sol sustenido** é um **Tom menor sem acidente**; não é **sustenido** nem **bemol**.

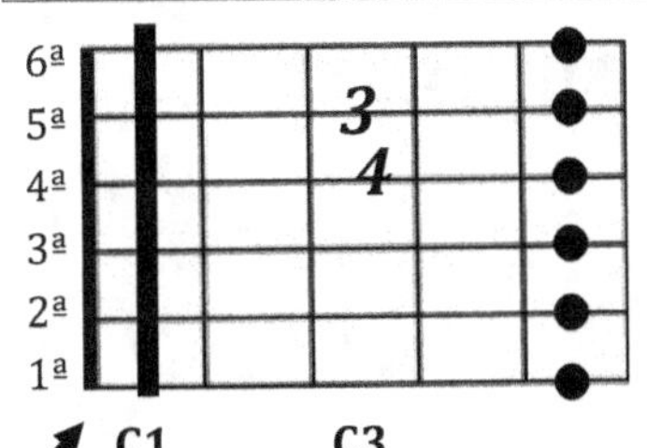

Acorde: **FÁ menor**

6ª menor do Tom

Cifra: **Fm**

Mesmo caso. Essa sexta menor não é sustenido nem bemol.

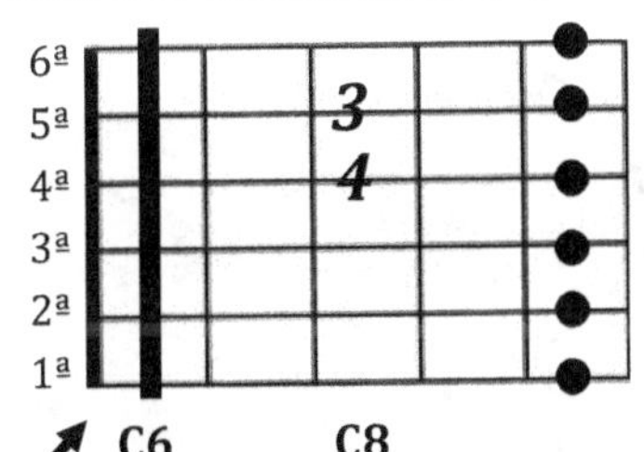

Acorde: **LÁ sustenido menor**

2ª menor do Tom

Cifra: **A#m = Bbm**

Lá sustenido menor (A#m), o mesmo que **Si bemol menor**.

Continue firme estudando! Vamos para os próximos acordes.

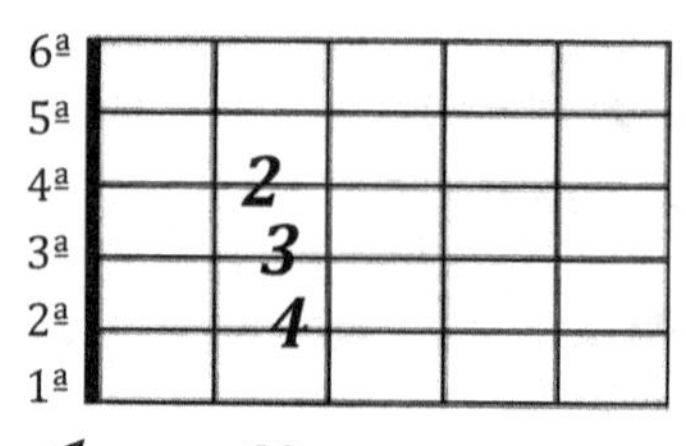

Acorde: **LÁ maior**

1ª do Tom

Cifra: **A**

Usa-se somente a letra "**A**" maiúscula para identificar o acorde de **LÁ maior** em **cifra**. Nesse acorde não use o dedo **1**.

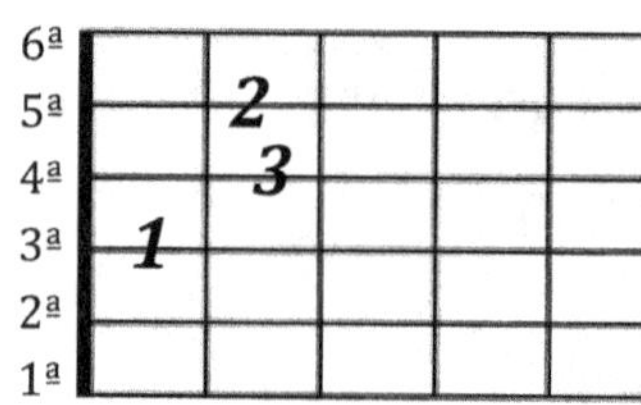

Acorde: **MI maior**

5ª do Tom

Cifra: **E**

Também... Só o "**E**" maiúsculo para identificar o acorde em **cifra**. Não precisa usar o dedo **4**.

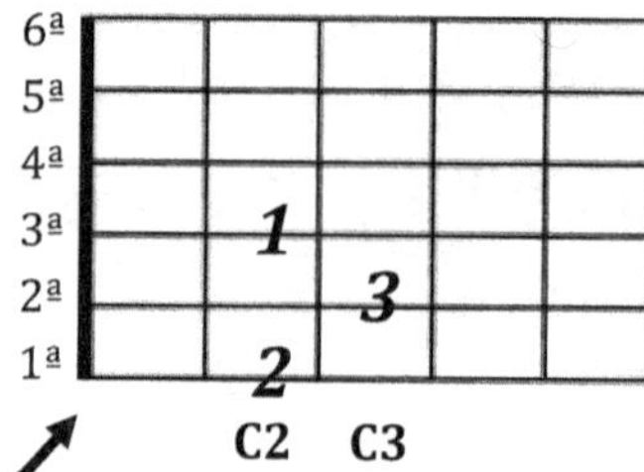

Acorde: **RÉ maior**

4ª do Tom

Cifra: **D**

Na página **38** tem uma variação em pestana deste **RÉ maior**; treine todas as variações de todos os acordes.

Na sequência, os acordes menores relacionados ao tom "**A**"

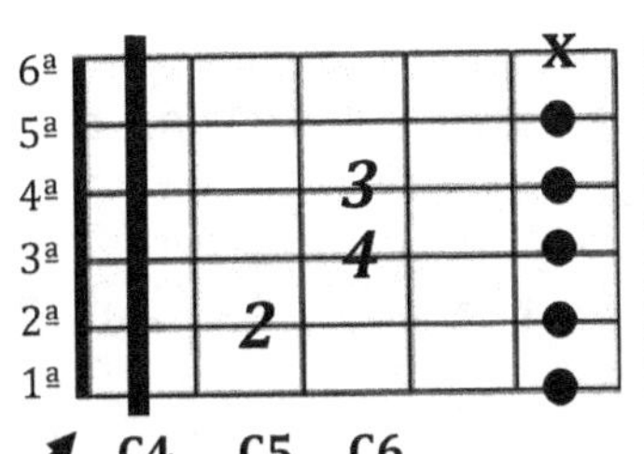

Acorde: **DÓ sustenido menor**

3ª menor do Tom

Cifra: **C#m**

Neste acorde, toque da quinta corda para baixo; procure abafar a sexta corda.

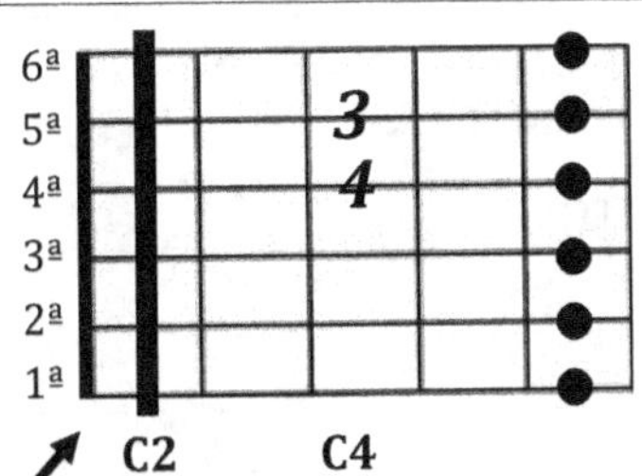

Acorde: **FÁ sustenido menor**

6ª menor do Tom

Cifra: **F#m**

Nesse acorde toque todas as cordas a partir da sexta.

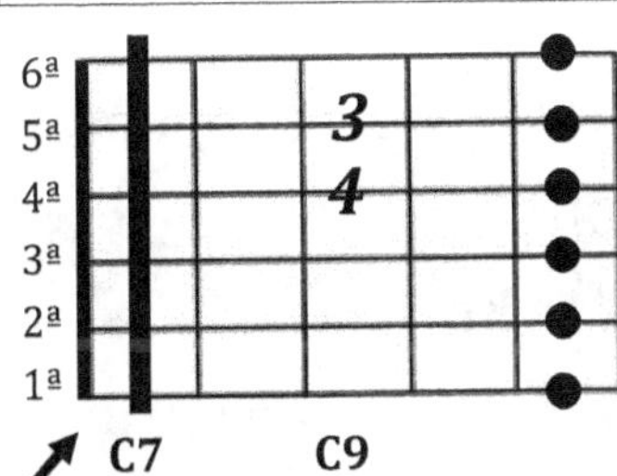

Acorde: **SI menor**

2ª menor do Tom.

Cifra: **Bm**

Aqui temos uma variação do Si menor da **página 29**.

Na sequência, vamos ao Tom de **LÁ sustenido** que pode ser chamado também de **Si bemol. A# = Bb** como já vimos.

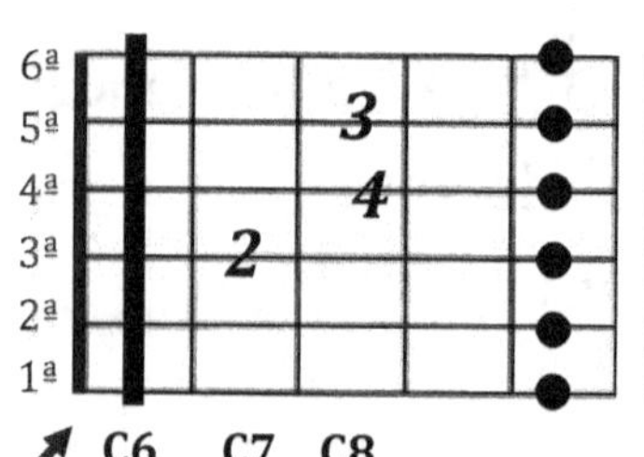

Acorde: **LÁ sustenido maior**

1ª do Tom

Cifra: **A# = Bb**

Lá sustenido ou **Si bemol**, tanto faz, os dois acordes são iguais.

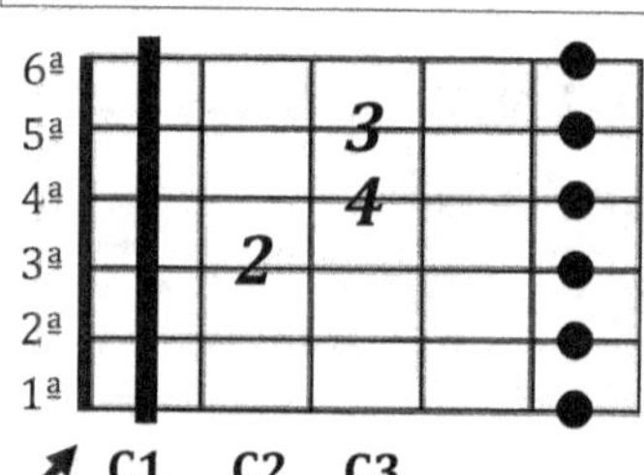

Acorde: **FÁ maior**

5ª do Tom

Cifra: **F**

FÁ maior é a **4ª** de **Dó maior** da página **24**; aqui é a **5ª** de **Lá sustenido**; use o dedo 1 para apertar todas as cordas.

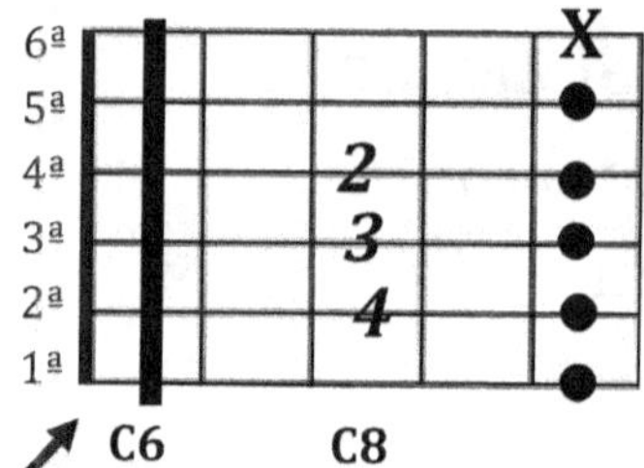

Acorde: **RÉ sustenido maior**

4ª do Tom

Cifra: **D# = Eb**

Ré sustenido e **Mi bemol** são nomes diferentes para o mesmo acorde.

Na sequência, os tons menores relativos.

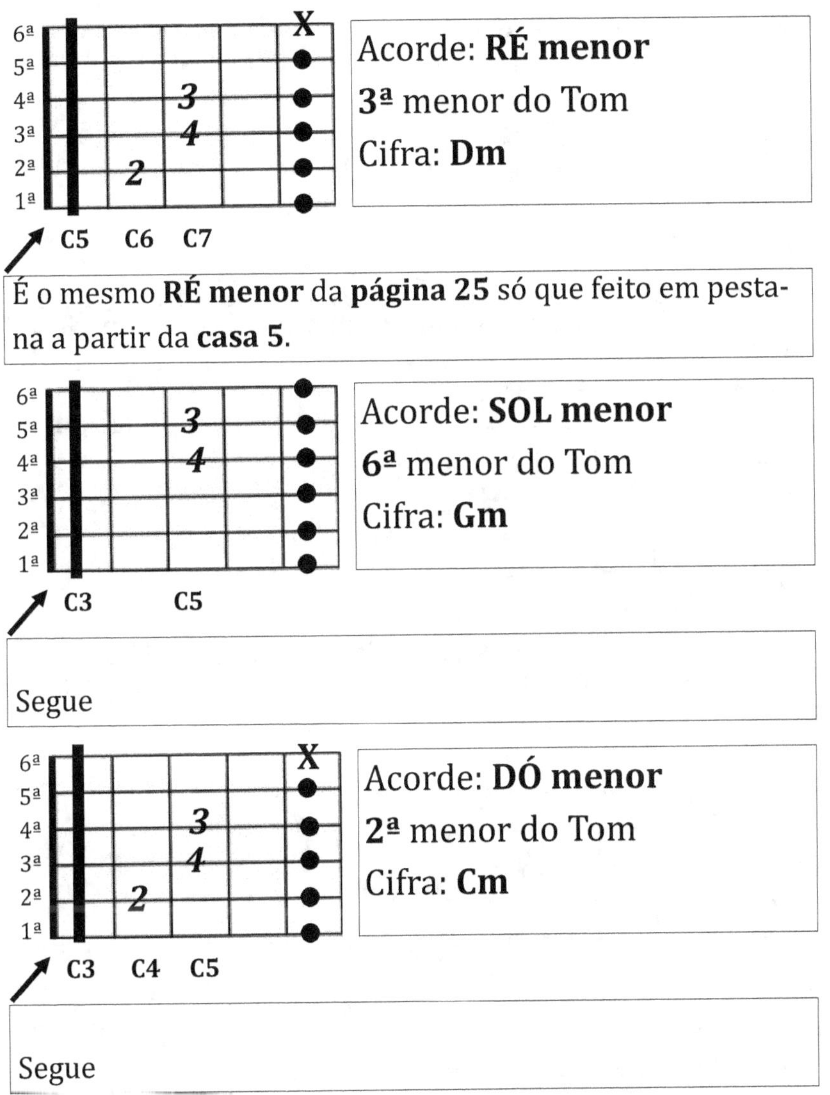

É o mesmo **RÉ menor** da **página 25** só que feito em pestana a partir da **casa 5**.

Segue

Segue

Na sequência... O último acorde da escala e seus tons relativos.

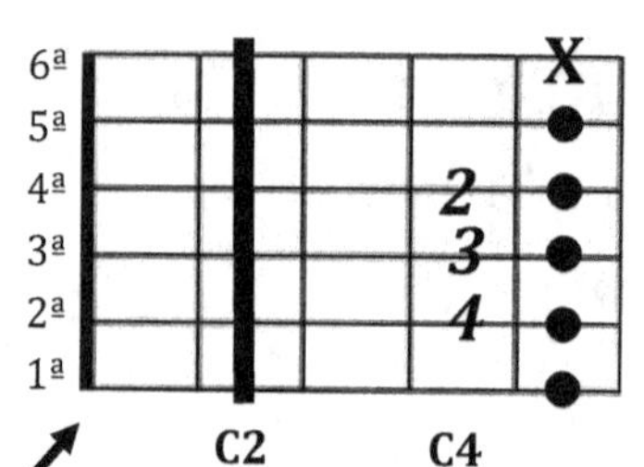

Acorde: **SI (Si) maior**

1ª do Tom

Cifra: **B**

Já passamos por todos os acordes naturais e acidentes e seus menores relativos; daqui em diante serão só repetições oitavadas.

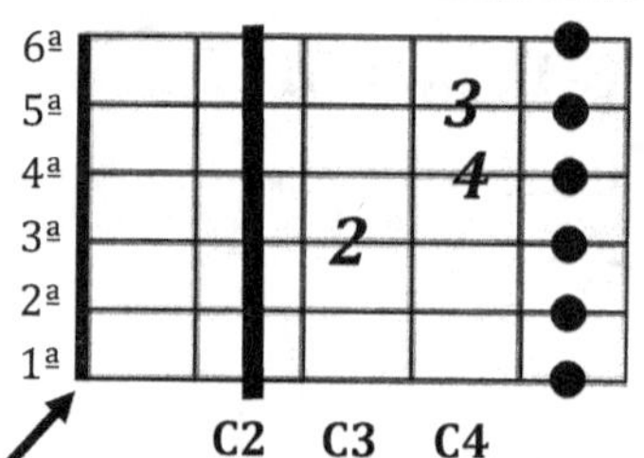

Acorde: **FÁ sustenido maior**

5ª do Tom

Cifra: **F#** ou **Gb**

Veja que é o mesmo **FÁ#** da página **26**, sendo a **4ª** do tom; aqui, **FÁ#** é a **5ª** do tom de **Si maior**; perceba a mudança de **grau**.

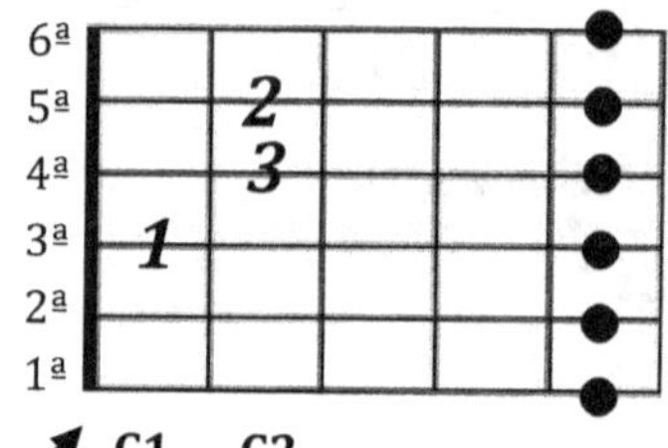

Acorde: **MI maior**

4ª do Tom

Cifra: **E**

O mesmo acontece com o acorde **E**; é a 5ª de **A** mas é também a 4ª de **B**.

Na sequência, os tons menores relativos ao acorde **B**.

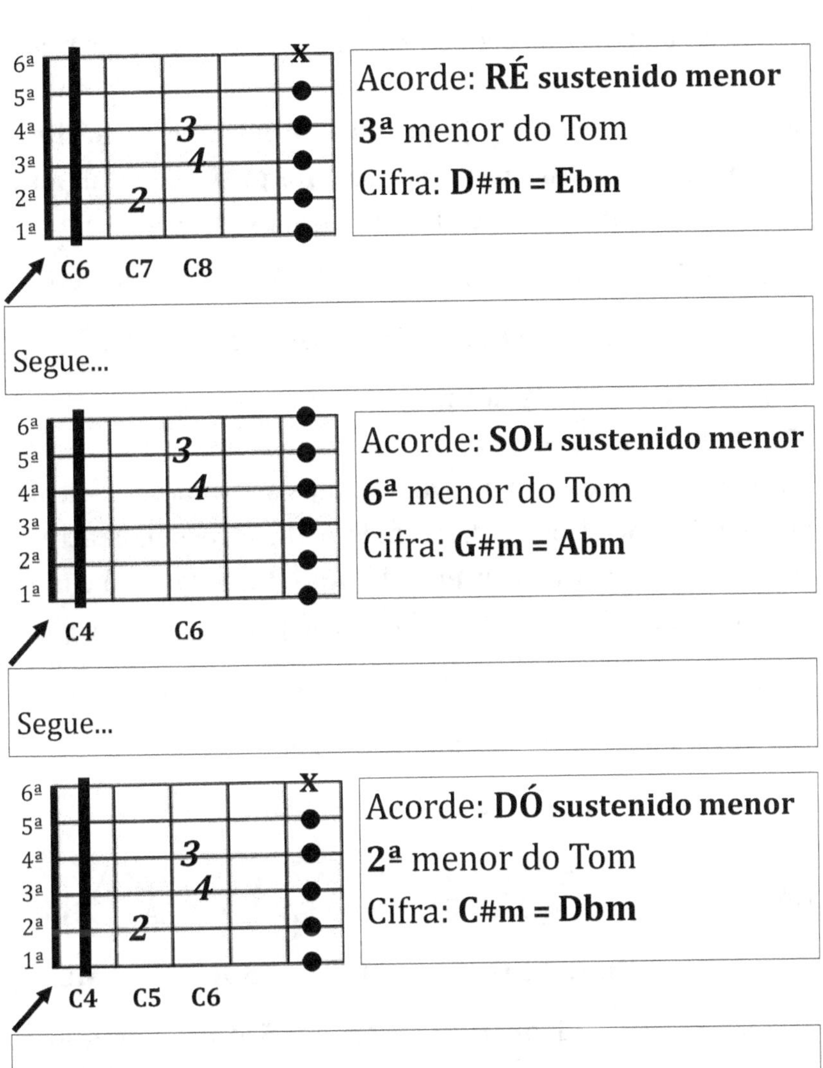

Aqui fechamos todos os acordes de DÓ a SI, incluindo também os acidentes (#oub). Daqui em diante eles se repetem passando a serem oitavas.

Nas páginas subsequentes vamos estudar os acordes que complementam os que já estudamos. Vamos aprender os acordes de sétima (**7**), **que fica subentendido sétima menor**, porque **diminuímos o sétimo grau** da escala **em meio tom**. Usando o sistema de cifras eles ficam assim:

C7, **C#7, D7, D#7, E7, F7, F#7, G7, G#7, A7, A#7, B7**

Essa é a chamada *Escala Cromática de Acordes*.

Chamamos esse **7** de **sétima**, embora não apareça assim: "**7ª**". **Sétima**, por que se refere a **sétima nota**.

Tomando como exemplo o **Dó**, vejamos a formação do acorde: **DÓ**, **MI**, **SOL**; para formarmos o **DÓ7**, devemos acrescentar o sétimo grau **diminuindo meio tom**, como já vimos anteriormente, nas páginas **15** a **17**. Só para lembrar, veja:

Escala de **DÓ**:   **DÓ**   RÉ   **MI**   FÁ   **SOL**   LÁ   **SI**

Tríade de **DÓ**:   **DÓ**   **MI**   **SOL**

       1ºgrau   **3ºgrau**   **5ºgrau**

DÓ7- mesma escala: **DÓ**   RÉ   **MI**   FÁ   **SOL**   LÁ   **SIb**

Formação de **DÓ7**:   **DÓ**   **MI**   **SOL**   **SIb**

       1ºgrau   **3ºgrau**   **5ºgrau**   **7º grau Diminui meio tom**

Lembre-se: Sempre usamos Cifras: **C**   **C7**

Então vamos ver como fazemos esses acordes com sétima.

Não se esqueça... É **sétima menor.**

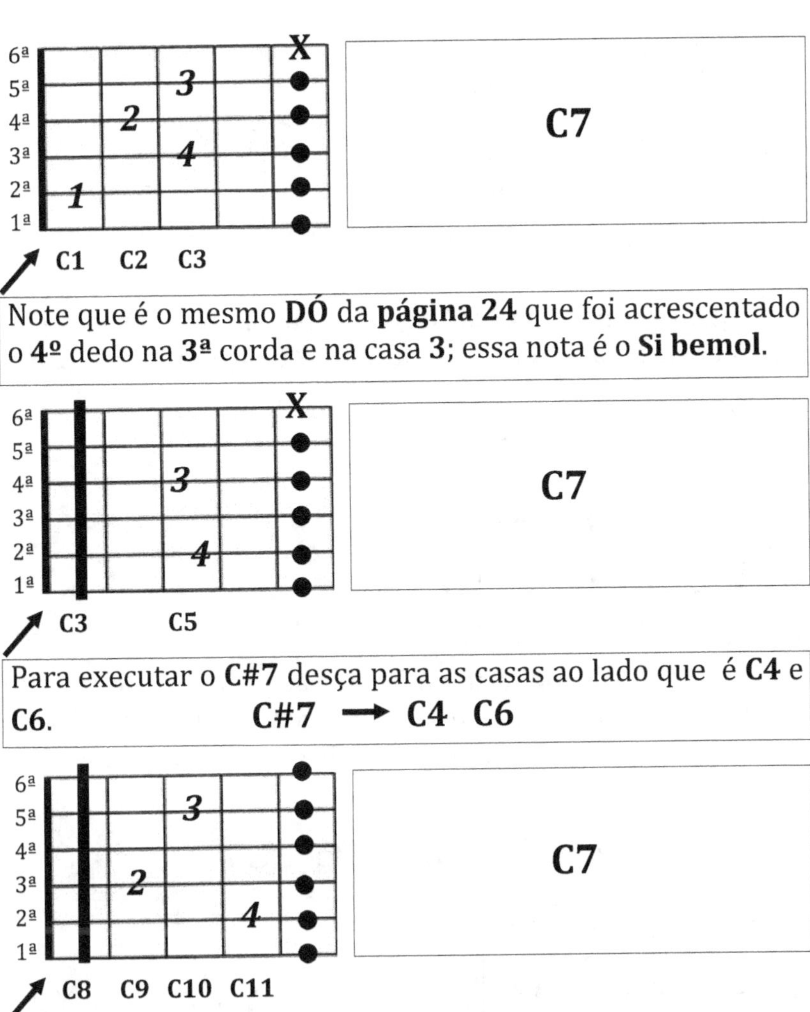

Note que é o mesmo **DÓ** da **página 24** que foi acrescentado o **4º** dedo na **3ª** corda e na casa **3**; essa nota é o **Si bemol**.

Para executar o **C#7** desça para as casas ao lado que é **C4** e **C6**.   **C#7 → C4 C6**

C7, pestana completa a partir da casa 8, quase no final do braço. Para   **C#7 → C9 C10 C11 C12**

Note que descendo a mão do mesmo jeito que está para a casa vizinha, você tem o sustenido para os acordes de pestana.

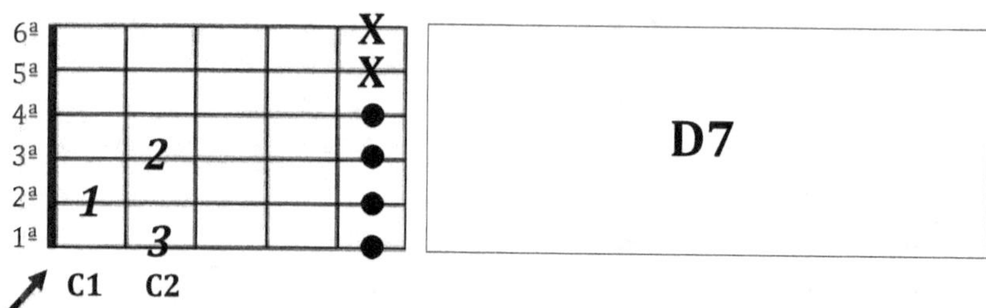

Veja que mudamos o dedo **1** de posição em relação ao acorde da página **28**. Tiramos a nota **Ré** e colocamos a nota **Dó**.

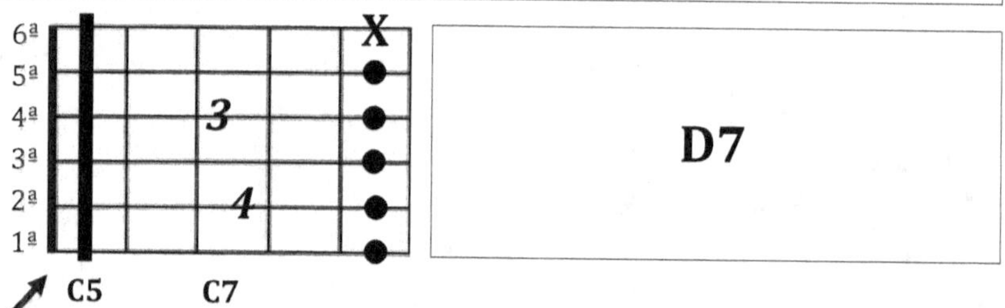

Aqui, o **Dó**, a **sétima**, está na **3ª** corda, na **5ª** casa, que está sendo apertada com o dedo **1** junto com as demais cordas. Se você mover a mão do mesmo jeito que está, para a casa vizinha, você terá o **D#7**.

Para **D#7** use **C6** e **C9**

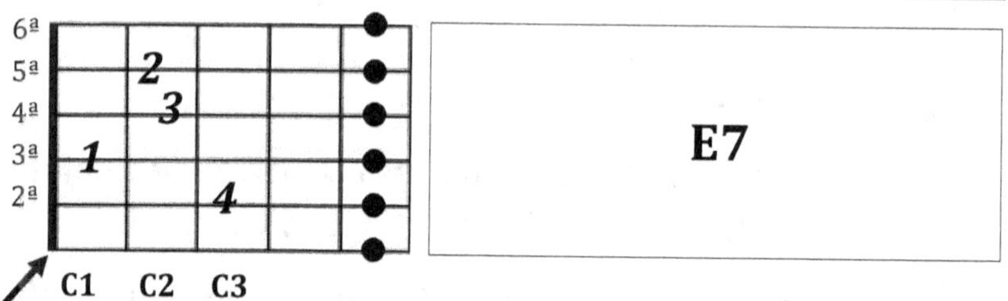

O mesmo **Mi (E)** da **página 32** acrescentado a nota **Ré** com o dedo **4** na casa **3**. Eis a **sétima** (menor).

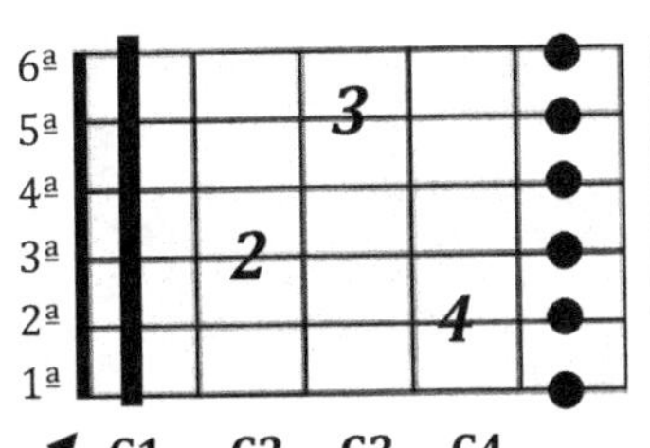

Esse é o **Fá** natural. Para o **F#7** mova a mão para a casa vizinha. **F#7** use **C2, C3, C4, C5**

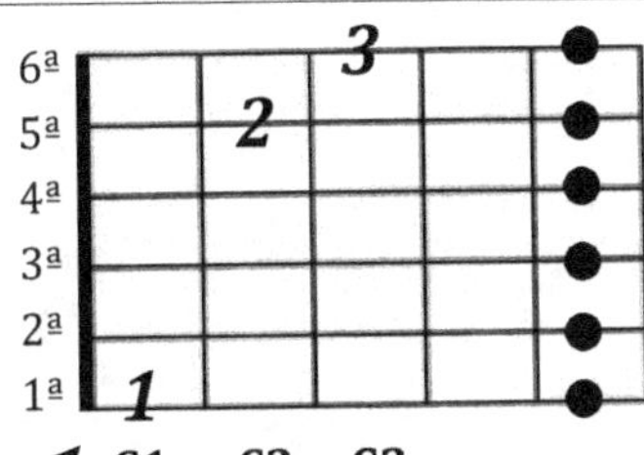

Veja o **dedo 1** acrescentando a nota **Fá** na **1ª** corda da **C1** para soar a **7ª**.

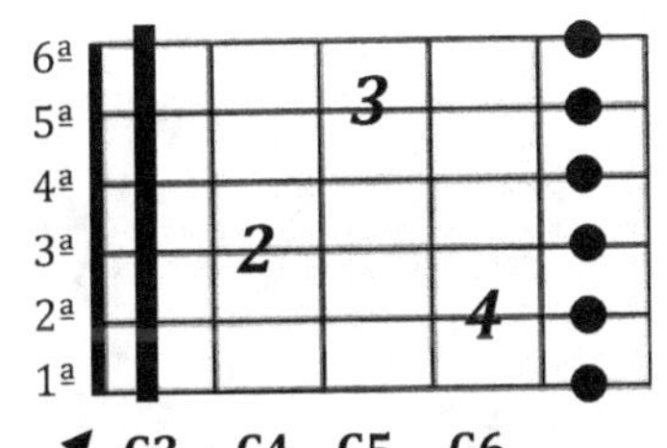

Uma variação do acorde de **Sol** com sétima (**G7**), acima.

Para o **G#7** use **C4, C5, C6, C7**

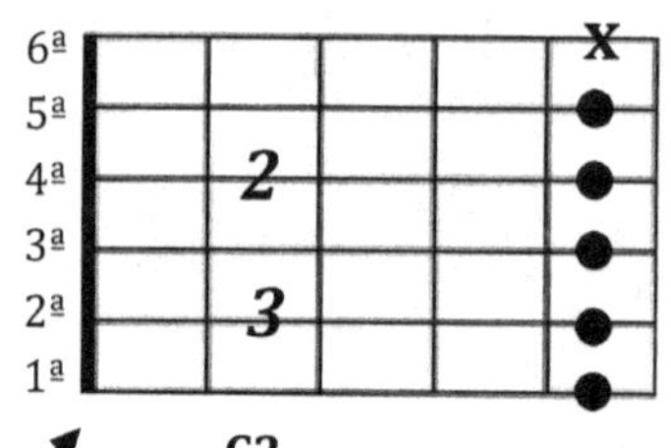

Nesse acorde, a **corda Sol** soa solta, indicando a nota **Sol**, que é a **sétima (menor, menos 1/2 tom)** na escala de **Lá**.

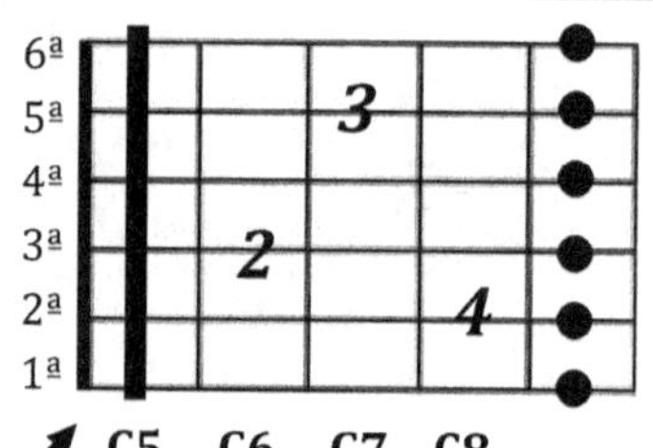

Variação do **A7** acima. Veja o **dedo 4** apertando a **2ª corda** na **casa 8**; aí você tem a **sétima nota**, **Sol**.

Para **A#7** use **C6, C7, C8, C9**

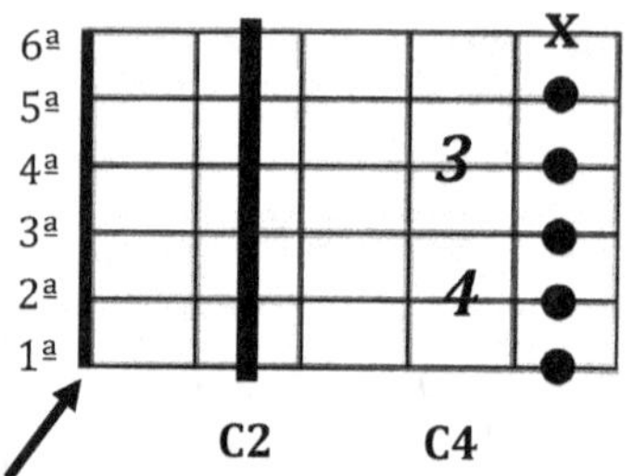

Nesse acorde de **sétima**, o **dedo 2** não é usado. Na próxima página uma variação deste acorde.

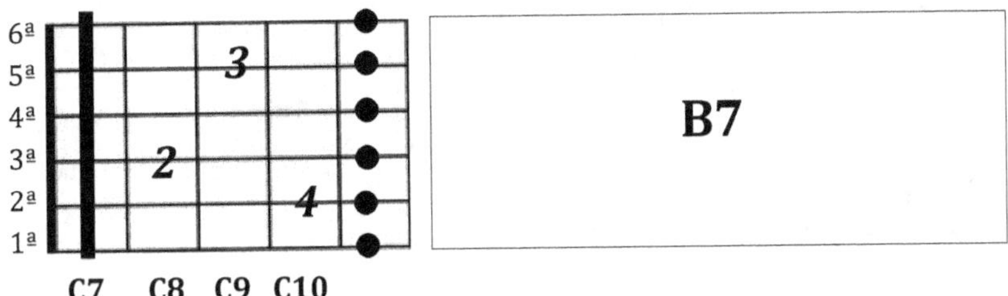

ACORDES MENORES COM SÉTIMA

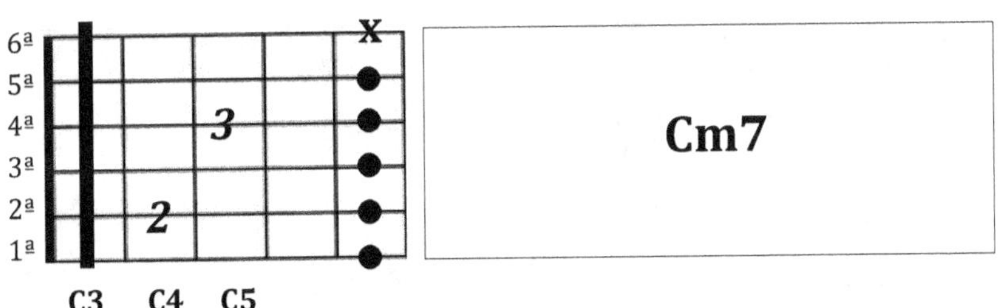

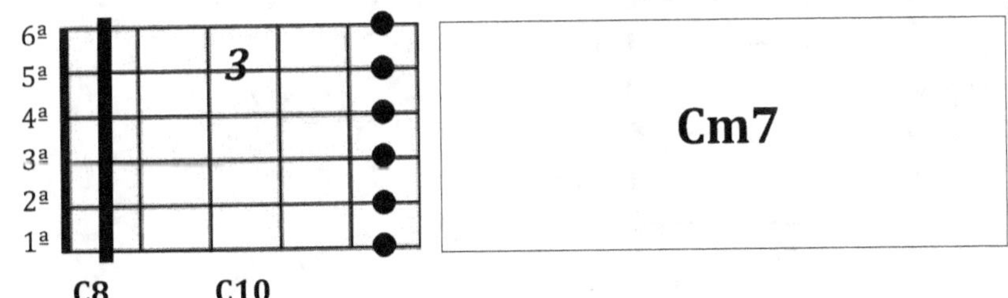

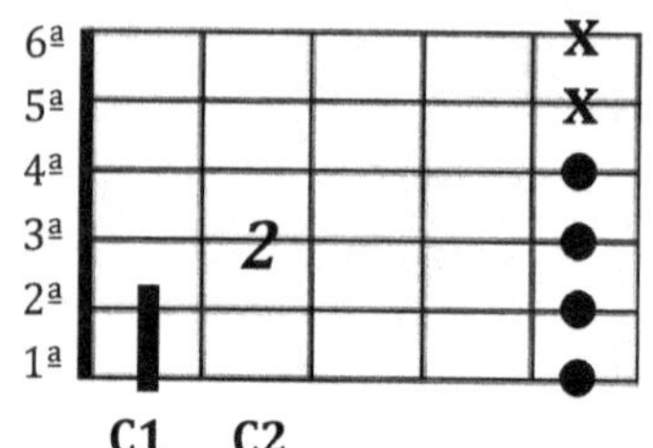

Dm7

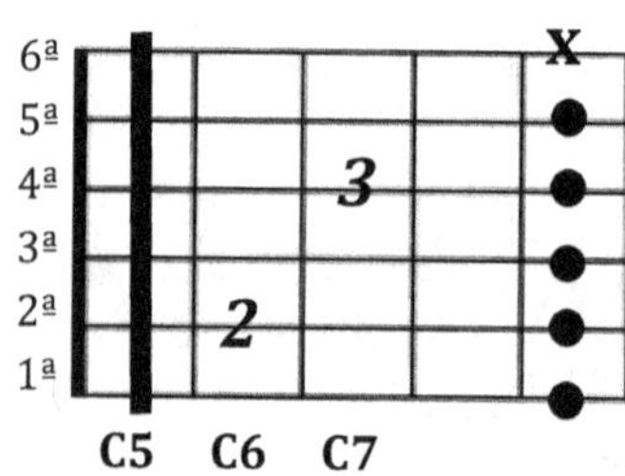

Dm7
(Para **D#m7** use **C6**, **C7**, **C8**)

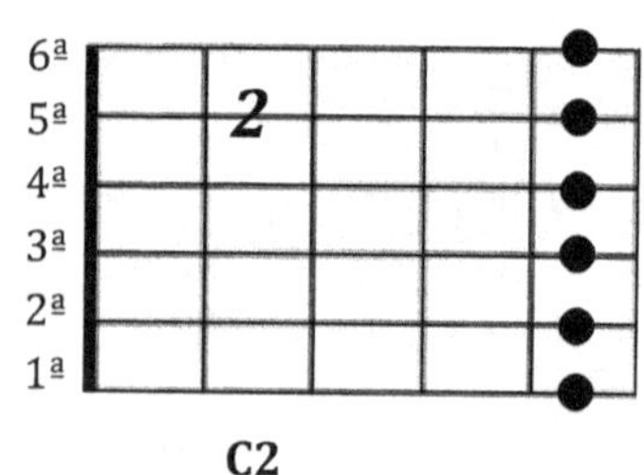

Em7

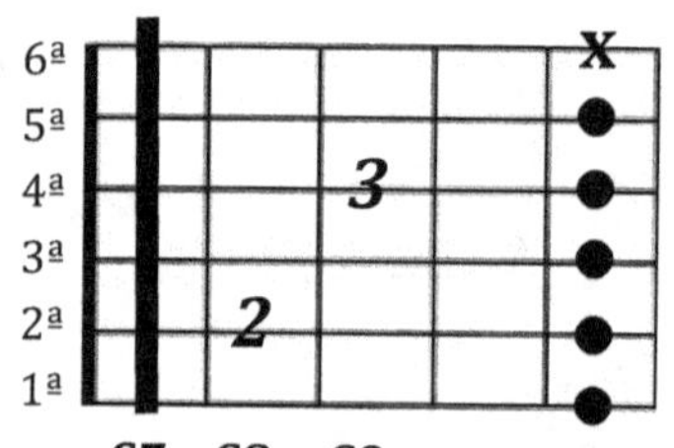

Em7

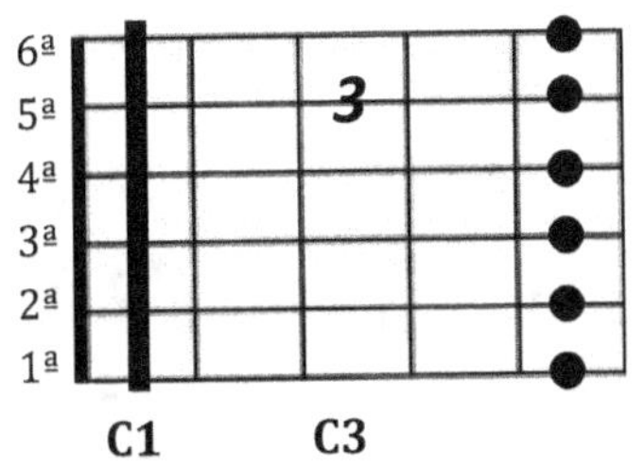

Fm7

Para **F#m7** use **C2** e **C4**

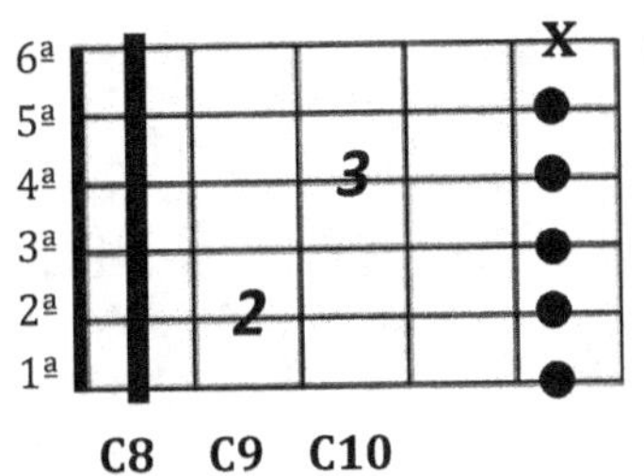

Fm7

Para **F#m7** use **C9**, **C10**, **C11**

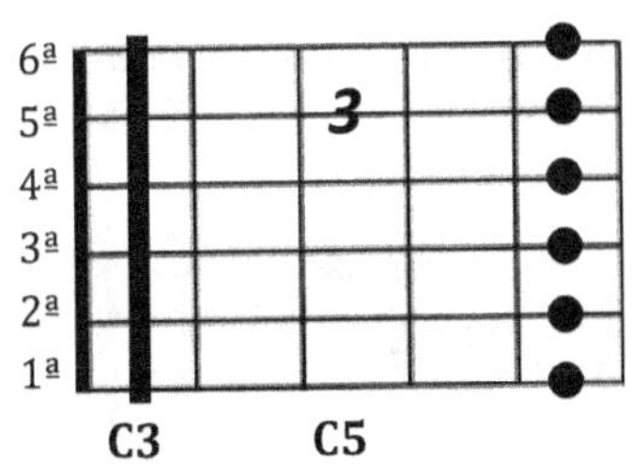

Gm7

Para **G#m7** use **C4**, **C6**

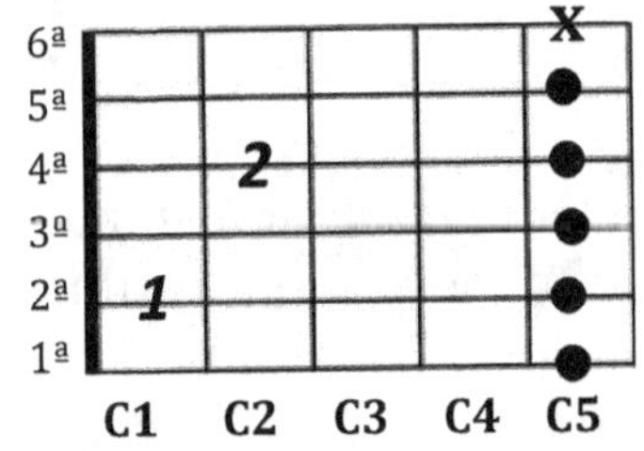

Am7

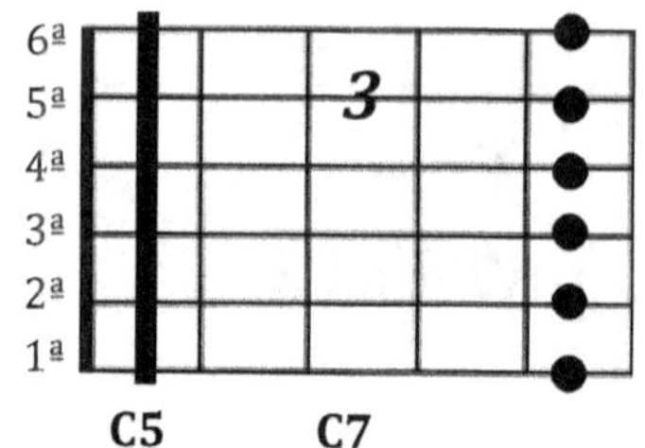

Am7

Para **A#m7** use **C6, C8**

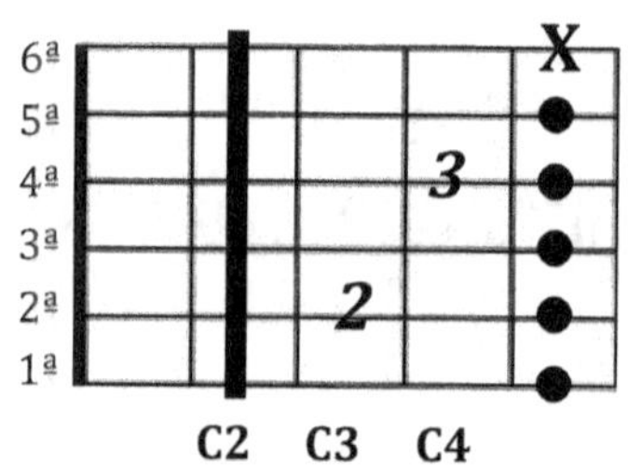

Bm7

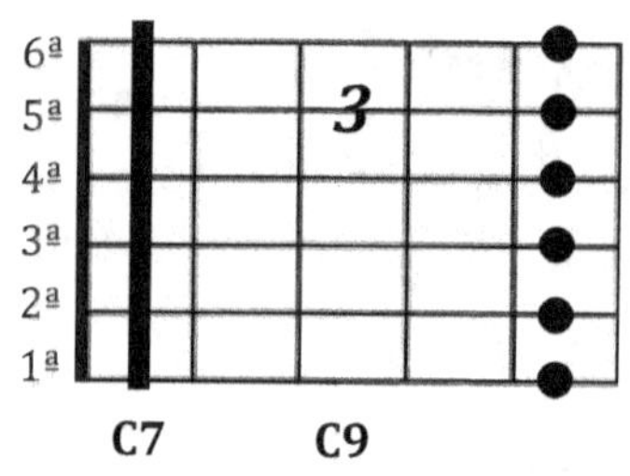

Bm7

Com esse acorde concluímos o estudo dos tons maiores, menores, maiores com sétima e menores com sétima. Não são só esses; existem dezenas de outros para você aprender; logo estará disponível em um próximo volume.

ENCADEAMENTO

Encadeamento é a montagem dos acordes, um em sequência do outro, para você treinar a execução deles.

Exemplos de encadeamentos:

1º			**2º**		
C	G	F	C	G	F
4t	4t	4t	2t	2t	4t

No **primeiro** exemplo acima, conte 1, 2, 3, 4 para C; 1, 2, 3, 4 para G e 1, 2, 3, 4 para F, como nas páginas 21 e 22; volte e recomece.

No **segundo** exemplo, conte 1, 2 para C; 1, 2 para G e 1, 2, 3, 4 para F; volte e recomece.

Toque bem lento; bem devagar; treine por vários dias, até ficar automático. Depois vá aumentando a velocidade gradativamente até ficar "craque".

Outros exemplos:

C	**Am**	**Dm**	**G**	**F**	**G7**			
4t	2t	2t	4t	2t	2t			

C	**C7**	**F**	**Fm**	**Em**	**Am**	**A7**	**Dm**	**G7**
2t	2t	2t	2t	2t	2t	2t	2t	4t

COMO MONTAR ENCADEAMENTOS

É fácil montar encadeamentos. Vou dar um exemplo legal para montar encadeamentos com qualquer tom. Você usa a **1ª do tom**, uma **2ª menor**, uma **6ª menor**, uma **3ª menor**, uma **4ª** e uma **5ª**. Se for o **Dó maior** fica assim:

C Dm Am Em F G

Você pode (e deve) alterar a ordem dos acordes para treinar; mas altere só os **menores, 4ª** e **5ª**.

Isso é apenas um exemplo do que pode ser feito para exercitar a execução dos acordes e o ritmo. Seja criativo; a partir desses exemplos monte os seus próprios encadeamentos; misture tudo e "desmisture". Toque até decorar os acordes ao ponto de nem precisar olhar no braço do instrumento para executá-los.

Até a próxima...